KB013118

탐나는 프리미엄 마케팅

Premium Marketing Strategy

탐나는 프리미엄 마케팅

비싸고 더 잘 팔리는 브랜드의 경험 설계 전략

최연미 지음

Premium Marketing Strategy

世利知
세이지

· · · 프롤로그 · · ·

'그런 브랜드'들의
진화하는 마케팅 설계법

"그런 브랜드들은 보통 마케팅을 어떻게 해?" 이런 질문을 자주 받았다. 하이엔드 잡지부터 쉐이크쉑에 이르기까지 세계 이름난 브랜드들과 교류하는 일을 했고, 브랜드를 론칭시켜 성공시키는 과정에 있었던 필자에게 주변 사람들이 많이 묻는 질문이었다.

지인들이 물어보는 '그런 브랜드들'은 무엇을 말하는 것이었을까? 고급스럽고 화제가 끊이지 않으며 약간은 비싸고 색다른, 기존의 문법과 차별화된 방식으로 자신의 가치를 알리는, 이른바 프리미엄 브랜드를 지칭하는 말이었다. 럭셔리라고 혼용해 말하는 사람도 있었고 비싼 브랜드, 잘나가는 브랜드 등 일컫는 수식어는 저마다 달랐지만 공통적으로 궁금해하는 브랜드의 위치를 따져보면 '프리미엄 브랜드'였다.

'그런 브랜드'들은 홍보를 어떻게 하는지, 진행하는 이벤트에서 차이점은 무엇인지, 마케팅비는 얼마나 쓰는지, 해외 본사와 일할 때 까다롭지는 않은지, 보도자료는 어떻게 쓰는지 등 세세하게 관심을 갖고 필자에게 물어보는 일이 많다 보니 오랜 시간 머릿속에 브랜드들의 특징과 공통점을 정리해보게 됐다. 친한 지인들에게는 내가 경험해온 마케팅 지식과 노하우를 비법(?)처럼 전해주곤 했다.

프리미엄 마케팅은 단순히 프리미엄 브랜드를 마케팅하는 것이 아니다. 차별화된 가치와 브랜드 이미지를 만들어내기 위해 기획부터 론칭, 판매에 이르기까지 전 영역에 걸쳐 차별화된 마케팅 관점을 녹여내고 돋보이도록 만드는 과정이다. 브랜드마다 내세우는 프리미엄 가치는 모두 다르지만 하나의 공통점은 차별화된 브랜드 경험을 제공한다는 것이다. 기존에는 가격이나 품질, 성분 등을 집중해 마케팅했다면 지금은 브랜드에서 느껴지는 무형의 이미지, 디자인, 브랜드 가치와 철학, 구매 및 소비 과정 등 소비자가 브랜드를 접하는 모든 접점에서 타사에 비해 돋보이는 가치를 제공하는 것이 브랜드를 프리미엄으로 가르는 핵심 요소가 되었다.

마케팅은 누구나 관심이 많고 쉽게 접근할 수 있는 친근한 영역이다. 우리는 매일 많은 마케팅에 노출되어 있고, 수많은 브랜드를 소비하고 있기 때문이다. 똑똑해진 소비자들은 잘된 마케팅과 그렇지 않은 마케팅 사례를 가려내 평가하기도 하며, 브랜드의 광고나 프로모션 활동에 대해 저마다 한 마디씩 의견을 보탠다.

우리가 하는 모든 일의 영역이 직간접적으로 브랜딩과 마케팅으로 연결되어 있다. 하지만 막상 잘하기란 쉽지 않다. 그것도 예산과 시간, 인력이 제한된 환경에서 말이다. 제품이나 서비스의 장점이 두드러지지 않는다면 더욱 힘이 든다. 뛰어난 제품이라도 존재감 없이 사라지는 경우도 많고 해외에서 유명한 브랜드도 국내에서 빛을 보지 못하는 경우도 많다.

프리미엄 브랜드는 고객이 굳이 웃돈을 내고 구입해야 할 프리미엄 가치가 제대로 전달되고 선택되도록 정교하고 똑똑하게 기획하고 설계해야 한다. 그 브랜드를 갖고 싶도록 고급스러운 이미지를 보여주어야 하며, 탁월한 가치를 세련되게 설득해야 한다. 또한 근사한 브랜드 철학을 올곧게 담아내야 한다. 사실 살아가는 데 굳이 없어도 되지만 있으면 더할 나위 없이 좋은 그 프리미엄 가치를 만드는 것은 어렵다. 프리미엄 브랜드 마케팅은 종합 예술을 통해 프리미엄 가치를 시각화하고, 특별한 체험의 과정으로 연결시키며 지갑을 열게끔 마음을 뒤흔들어야 하는 난이도 높은 작업이다.

필자 주변의 다양한 영역에서 빛을 발하고 있는 사람들과 교류하고 애정을 갖고 관찰하다 보니 그들의 많은 고민들은 궁극적으로 '내가 하는 일을 어떻게 잘 알릴 것인가?', '어떻게 좀더 높은 가치를 만들어낼 것인가?'와 연결되어 있다는 것을 알게되었다. 오너에서부터 인턴까지,

R&D 개발자에서 생산자까지, 디자이너에서 구매팀 담당자까지, 대기업에서 작은 동네 식당까지 우리는 무엇을 어떻게 좀더 좋게 만들지 고민한다. 작은 차이에서 큰 부가가치가 만들어지기 때문이다. 예전에는 제품과 서비스를 마케팅해야 하는 시대였다면, 이제는 기획단계부터 마케팅을 고려해 만들어야 한다. 이제는 우리 모두가 탁월한 프리미엄 마케팅 마인드를 가진 마케터가 되어야 하는 시대에 살고 있다.

변화와 새로운 도전을 삶의 원동력으로 여기는 방랑 성격 탓에 해외 영업에서 대기업 그룹 전략팀 그리고 소비재 마케팅팀에서 일하며 패션 잡지, 모바일폰, 외식 산업에 이르기까지 다양한 마케팅 경험을 쌓을 수 있었다. 직접 창업도 하여 북유럽 라이프스타일 브랜드 쇼핑몰을 만들고 패브릭 제작까지 뛰어들며 직장인으로 살며 모았던 돈도 날려보았다. 필자가 가장 최근에 진행한 일은 쉐이크쉑 국내 론칭과 마케팅 업무다. 쉐이크쉑 국내 도입을 위한 초기 기획 단계부터 국내 론칭과 강남점, 청담점, 두타점, 분당점, 스타필드 고양점 오픈에 이르기까지 마케팅팀을 이끌며 쉐이크쉑 코리아만의 독특한 전략을 짜고 커뮤니케이션을 진행하는 일에 몰두했다. 결과적으로 많은 사람들이 호응해주고 브랜드 가치를 알아주었기에, 힘들었지만 모두 각자 영역에서 보람을 느끼며 일할 수 있었다.

하나의 브랜드를 새롭게 론칭하거나 인바운드로 해외에서 국내로 상륙시키거나, 국내 브랜드를 해외로 성공적으로 안착시키는 모든 과정에는 수많은 사람들의 역할과 수고가 따른다. 쉐이크쉑의 한국 론칭 성공은 이미 예견된 것이 아니었냐는 의견들도 있다. 뉴욕은 물론 해외에서도 이름난 버거이고 한국에서도 잘되는 것은 당연하다는 의견이다. 하지만 2017년, 강남점이 전세계 쉐이크쉑 매장 100여 곳 중에서 2017년 세계 최고의 매출을 기록한 매장이 되고, 오픈 당일 전세계적으로 유례없이 많은 고객들을 한데 유치하는 것은 생각처럼 쉽게 이루어진 일이 아니었다.

쉐이크쉑 CEO 랜디 가루티는 전세계 투자자들 앞에서 한국에서 진행한 마케팅 캠페인과 다양한 아티스트 협업, 동영상 제작물들을 보여주며 성공적인 파트너십 사례로 소개한다. 브랜드 자체의 훌륭한 DNA에 쉐이크쉑 국내 파트너사 SPC그룹의 핵심 인프라와 인력 그리고 열정적인 국내 고객들과 함께 만나 한국에 맞는 한국형 호스피털리티 문화를 창출하며 그 시너지가 터졌다고 할 수 있다.

많은 사람들이 쉐이크쉑의 마케팅 사례에 대해서 궁금해하곤 했다. 쉐이크쉑 외에도 그동안 직간접적으로 경험한 수많은 프리미엄 브랜드들을 되짚어 보면서 크게 겹쳐지는 공통분모들을 발견했다. 그 공통분모들을 크게 10가지 주제로 나누어 이 책에서 프리미엄 브랜드 마케팅 전략과 살아있는 사례들을 소개하고자 한다.

또 아직 국내에서 덜 알려지고 론칭하지 않은 해외의 프리미엄 브랜드 마케팅 사례부터 국내의 우수한 사례들을 분석하여 이 책에 소개했다. 미국, 유럽, 아시아 등 되도록 다양한 지역에서 약동하고 있는 식음료 기업부터 의류, 가구, 화장품, 인공지능까지 다양한 산업의 프리미엄 마케팅 사례를 다루었다. 그리고 오랜 시간 증명된 클래식 사례부터 최근 뉴욕에서 뜨고 있는 브랜드까지 균형감 있게 담아 독자의 목적에 맞는 사례를 참고할 수 있도록 했다. 또한 럭셔리 브랜드 마케팅 전략으로부터 끌어올 수 있는 인사이트를 찾아보고 나름의 프리미엄 브랜드 마케팅 전략을 정리하여 이 책에서 나누고자 한다.

현장에서 뛰며 배운 필자의 경험과 마케터 관점으로 풀어낸 프리미엄 마케팅 이야기라고 생각해주면 좋을 것이다. 한번 일에 몰입하면 완성도에 욕심을 내려놓지 못하고 때론 피곤하게 구는 필자를 넓은 마음으로 이해해주었던 상사와 동료, 파트너사, 팀원들에게 이 책을 빌어 감사 인사를 전한다. 아울러 집필을 마무리할 때까지 오래 기다려 준 출판사 세이지와 늘 내게 든든한 뿌리처럼 다정한 격려와 조언을 아끼지 않는 남편에게 고마운 마음을 전한다.

필자와 같은 눈높이에서 누구나 쉽게 술술 읽어가며 이 책을 읽는 독자들이 의미 있는 아이디어를 촉발시키는 수 있는 계기가 되길 바라며 프리미엄 브랜드 마케팅 여정을 시작해본다.

최연미

·· 목차 ··

3장 · 프리미엄 버거 쉐이크쉑 론칭 · 51

4장 · 확고하고 일관된 브랜드 철학 · 89

5장 · 프리미엄 브랜드를 만드는 디자인 · 103

6장 · 경험과 인식을 통해 쌓이는 프리미엄 가치 · 119

1장

차별화된 경험이 만드는
프리미엄

테슬라 코리아에서 전화가 왔다. 2~3달 전에 테슬라 시승을 신청했는데 이제서야 순서가 돌아와 시승 일정을 잡자는 연락이었다. 테슬라 청담점에 연락해 일정을 잡았다. 마침 그날 오랜만에 만나는 친구와 점심 약속이 있어 함께 시승을 하기로 했다. 동반 2명 추가가 가능하다는 것을 알고 있었고, 왕복 운전을 혼자 경험해도 좋겠지만 친구와 감상을 공유하며 시승하면 좋겠다고 생각했다.

물론 테슬라를 당장 구매할 수 있는 것은 아니다. 당시 1차 상담 가격으로는 정부 지원금 외에 1억 원 정도가 필요했다. 당시 국내에서 약

100대 정도가 개인소유로 판매된 상태라고 들었다. 평소 필자는 테슬라의 기업 활동과 기업 철학, CEO스토리를 굉장히 관심 있게 지켜보고 있었고 전기자동차 시장과 인프라 사업 확충의 필요성에 대해 관심이 많았기 때문에 직접 차를 경험해보고 싶었다.

시승 경험은 생각보다 훨씬 더 근사했다. 넓은 실내 모니터와 첨단 소프트웨어로 움직이는 전기자동차는 모바일앱에서도 제어가 가능했다. 엔진의 꿀렁거림이 없이 전기로만 가는 조용하고 정숙한 자동차. 어쩌면 차가 이렇게 섹시할 수 있을까 싶었던 유선형의 매끈한 자태까지 오래 운전을 해왔지만 기존엔 생각할 수 없었던 멋진 경험이었다.

가장 놀랐던 부분은 반자율 주행이다. 매장에서 간단한 상담을 받고, 바로 키를 건네받아 함께 시승을 시작했다. 영동대교를 넘어가자마자 반자율 주행모드를 걸고 차선 변경을 했다. 핸들을 잡고 있지 않았는데 알아서 핸들이 움직였다. 앞차의 속도를 감안해서 속도를 조절하고 뒤따라오거나 불쑥 차선을 끼어드는 모든 차량을 인지하고 차선 변경 타이밍을 잡아서 핸들이 저절로 돌아갔다. 알고는 있었지만 직접 운전 중에 경험하니 왠지 모를 불안함과 함께 놀라운 감정이 뒤섞였다.

물론 고속도로에서는 더 편할 것이다. 최소한 졸음운전은 없을 것이니 말이다. 주차도 편하게 할 수 있을 것이다. 서울 한복판에서 시승을 경험하고 나니 그동안 영상과 해외 기사로 꾸준하게 접해왔던 테슬라의 현재가 피부로 체감된 기회였다.

테슬라 시승 이후 테슬라 추천 프로그램 유효기간이 종료되었다는 이메일을 받았다. 지인의 추천으로 받은 100만 원 할인 프로그램 이메일이었다. 테슬라의 차를 구입한 경우 최대 5명까지 지인 추천을 할 수 있는데 이 제도를 통해 테슬라 전용 전기충전소인 슈퍼차저 무료 이용 및 모델S 구매 시 바로 100만 원을 할인해주는 혜택을 제공하고 있다.

광고 없이
혁신적인 이미지를 구축한 테슬라

테슬라는 전통적인 광고나 마케팅 비용을 쓰지 않고, 상대적으로 적은 비용으로 미디어 노출을 늘리고 구전 홍보를 가장 중요한 수단으로 삼겠다고 했다. 프리미엄 가치를 홍보하는 일을 불특정 다수의 고객에게 낚싯대를 드리우고 기다리지 않겠다는 것이다. 그 가치를 알아줄 고객이 많은 곳에서 다소 비싼 미끼를 쓰더라도 원하는 고기만 낚아 올리겠다는 것이 테슬라의 마케팅 전략이다.

프리미엄 전기차의 대중화를 목표로 하는 테슬라는 광고와 마케팅을 하지 않고도 이미 최고의 전기자동차 브랜드가 되었다. 테슬라가 구축한 혁신적인 브랜드 이미지는 사람들 머릿속에 고급스러운 전기차 브랜드로 각인되었다.

미국의 광고전문잡지 〈애드버타이징 에이지〉 2017년 8월 기사에서 밝힌 2016년 미국에서 판매된 자동차 브랜드별 1대당 광고 비용은 현대자동차 제네시스가 6,821달러, 링컨 2,719달러, 캐딜락 1,493달러, 도요타 353달러, 포르쉐 283달러인 반면 테슬라는 0이었다. 현대 제네시스는 럭셔리 브랜드 이미지를 구축하고 해외 자동차 브랜드로서 미국 내 프리미엄 시장 점유율을 높이기 위해 상대적으로 더 과감한 광고 비용을 집행할 수밖에 없었을 것이다.

여기서 주목할 점은 테슬라가 신생 자동차 브랜드임에도, 기존 시장을 점유하고 있던 굴지의 자동차 회사와 달리 전혀 광고를 제작하지 않고도 지금의 프리미엄 브랜드 이미지를 공고하게 쌓은 점이다. 초기에는 자동차 실물을 보지도 않고 구매 예약하는 고객도 많았고, 출시하기까지 1년 이상을 기다려야 하는 자동차이지만 늘 생산 수량을 크게 초과하는 예약 판매율을 기록하고 있다.

테슬라는 광고도 광고 대행사도 마케팅 총괄임원도 없으며 딜러샵도 없다. 그런데도 큰 문제가 없다.

| 〈애드버타이징 에이지〉

실용성과 편의성 측면에서는 정부보조금을 감안해도 여전히 높은 제조 원가로 인해 상대적으로 판매가가 높다. 아직 부족한 전기차 충전 인프라 시설과 충전 후 상대적으로 짧은 주행시간 등의 단점도 있다. 심지어 출고 대기 기간도 길며 미리 예약금을 걸어야 한다. 하지만 전 세계의 트렌드 리더들이 오랜 대기 기간을 감수하며 예약금을 걸고 구매

하고자 하는 이유는 혁신적이고 미래지향적인 사람으로 비춰지길 원하는 소비자의 욕망을 공략했기 때문이다.

테슬라는 마케팅에 주력하는 회사가 아닌데도 어떻게 역설적으로 프리미엄 마케팅을 이뤄냈을까? 테슬라의 혁신적인 제품과 브랜드 스토리, 차별화된 판매 방식 등은 흥미로운 기삿거리가 되어 SNS에서 끊임없이 회자되며 대중들은 기사를 퍼나르고 있다.

테슬라는 광고 제작이나 판매 촉진, 마케팅보다는 잠재 고객들이 직간접적으로 브랜드를 경험할 수 있도록 집중하고 있다. 직간접적으로 브랜드를 체험한 고객들이 결국 충실한 홍보대사가 될 수밖에 없기 때문이다.

전통 자동차 마케팅을 무력화시킨
테슬라의 새로운 판매 전략

기존의 핸드폰 단말기 제조업체가 아니었던 애플이 처음 스마트폰을 세상에 내놓았을 때처럼 테슬라의 판매 방식도 새로워야 했다. 애플은 시장에 뛰어들어 기존 문법으로 경쟁하는 대신 새로운 판을 짜서 프리미엄 단말기 시장의 선두주자가 되었다.

테슬라도 애플처럼 기존의 자동차 딜러샵을 통한 판매가 아닌 웹사이트 판매 방식을 취했다. 기존 자동차 딜러샵에서 판매하는 전략은 태

생적으로 기존의 대형 자동차 업체들과 경쟁해야 했기 때문에 불리한 게임이 될 수밖에 없었다.

딜러들에게 판매 커미션을 더 주며 타사와 똑같이 경쟁해 판매하는 대신, 애플의 판매 방식과 같이 매장에서는 오롯이 제품에 대한 경험만 하게 하고 웹사이트를 통해 주문 판매하는 전략을 취했다.

가격 할인도 없고 딜러도 없는 테슬라는 시승 신청부터 프로모션, 판매 등의 과정을 웹사이트에서 이루어지게 했다. 테슬라 쇼룸에서는 브랜드의 고급스럽고 차별화된 경험에 집중하게 만들었다. 기존에는 소비자들이 자동차 딜러들과 신경전을 벌이며 구매 가격과 옵션을 홍정했던 것과 달리 테슬라 전시장에서 온전히 브랜드를 경험할 수 있도록 한 것이다. 결국 약점을 강점으로, 부족한 점을 차별 포인트로 끌어올린 전략이었고 소비자들은 이 방식에 열광하며 구매로 화답했다.

마크 제이콥스나 애플 전시장이 있을 법한 대도시의 번화가와 가장 핫한 지역에 쇼룸을 열고 시승할 수 있게 했다. 실리콘밸리의 얼리어댑터들을 시작으로 전세계 트렌드 세터들이 열광했다. 한국에도 대형 쇼핑몰인 신세계 스타필드 하남과 청담동에 전시장을 운영하고 있으며 주요 대형 백화점 및 기존의 고급 인프라 스팟을 중심으로 슈퍼차저 충전소 설치 계획을 발표한 것도 이와 같은 맥락이다.

일론 머스크의
SNS 활용법

테슬라의 미래지향적 이미지는 창업자 일론 머스크의 개인 브랜딩도 크게 한몫했다. 영화 '아이언맨'의 주인공 토니 스타크의 실제 모델이라고도 알려진 일론 머스크는 자신의 이미지를 스페이스X의 우주선 사업, 솔라시티의 친환경 대체 에너지 개발 사업 등과 결합해 지속가능하고 미래지향적인 브랜드 이미지를 효과적으로 홍보하며 시너지효과를 톡톡히 누리고 있다.

테슬라 전기차는 단순히 이동 수단을 위한 차가 아닌 마치 영화 속 아이언맨이 탈 것 같은 미래지향적인 이미지를 구축해 구매력 높은 고객의 호기심을 자극했다. 테슬라를 타는 것만으로도 미래지향적인 기술을 향유하고 트렌드에 앞서 나가는 인상을 주었기 때문이다.

제품 출시 전략도 고도의 프리미엄 이미지를 구축하는 데 한치의 빈틈없이 정확하게 맞아떨어졌다. 테슬라의 톱다운(Top down) 제품 출시 전략은 고객들과 미디어의 호기심을 자극하고 테슬라의 행보에 지속적으로 관심을 갖게 만들었다. 가격대는 높지만 디자인과 제품 스펙 측면에서 단번에 시선을 끄는 고급형 컨버터블, 고급형 세단 등을 먼저 출시하여 프리미엄 브랜드 이미지를 공고하게 구축했다. 판매보다는 이미지 구축이 먼저였다. 기존 경쟁자들 사이에서 혁신을 강조하고 새로운 트렌드를 주도해나가야 하는 하이테크 제품군에서 사용하는 프리미엄 포트폴리오 전략이다.

2006년 프로토타입으로 처음 내놓은 '로드스터'는 섹시할 정도로 멋지게 잘 빠진 스포츠카 디자인이었다. 이어 출시한 프리미엄 세단 모델S와, 프리미엄 SUV 모델X의 가격은 1억 원대였지만 출시만으로 혁신적이고 고급스러운 브랜드 이미지를 구축하였다. 이어 절반이 안 되는 가격 수준(약 3,900만 원)의 기본형 모델3를 2016년에 출시했다.

모델3의 경우 1,000달러(약 110만 원)의 보증금을 받고 출시도 되기 전 하루에 1,800대꼴, 전세계적으로 45만 5천 건의 구매 예약을 받았다. 물론 6만 3천 건의 예약 취소도 있었지만 광고 없이 2017년 연간 생산량 2만 대를 크게 초과하는 사전 판매 성과를 보인 것이다. 생산량이 수요를 크게 따라잡지 못해 테슬라는 이제 판매보다는 생산 병목 현상을 잡아야 하는 즐거운 고민에 빠졌다.

딜러샵이 아닌 웹사이트를 통한 판매는 테슬라의 생태계를 구축하고 마케팅 비용을 낮추는 데 큰 기여를 했다. 깔끔하고 쉽게 구축된 웹사이트가 하나의 전시장이자 판매 채널이 된 것이다. 웹사이트를 중심으로 페이스북과 트위터, 유튜브 등을 연계하여 마케팅 비용을 들이지 않고 테슬라에 대한 이슈를 끊임없이 만들어내고 있다.

일론 머스크는 자신의 트위터에 신제품 개발과 론칭에 대한 힌트를 흘리기도 하고, 고객들과 제품 혁신에 대해 끊임없는 소통을 한다. 고객이 제안한 것을 받아늘여 제품 개발에 반영하기도 하고 깜짝 이벤트를 열기도 하는 등 트위터를 영리하게 이용하고 있다. 첫 예약금을 건 고객이 누구인지, 처음 생산한 차가 누구에게 갔는지 등에 대한 그의 트위터 메시지는 관련 기사들을 끊임없이 쏟아지게 하고 있다. 손쉽게 미디어에 기사거리를 제공하고 무료로 광고를 하고 있는 셈이다.

또한 고객들이 직접 홍보 동영상을 찍어 유튜브에 올려 경합을 벌이고 인기 높은 영상을 만든 사람을 테슬라 행사에 초청하기도 한다. 특정 국가에 론칭할 때 해당 국가의 인력 채용 공고를 웹사이트에 띄우는 것만으로 홍보가 되어 해당 국가 소비자들에게 입점 소식을 발빠르게 알릴 수 있었다.

쉐이크쉑만의
아날로그 프리미엄 마케팅

"누가 그래?(Who wrote that rule?)"는 프리미엄 버거 브랜드 쉐이크쉑이 어떻게 프리미엄 브랜드 이미지를 쌓았는지 설명해주는 말이다. 쉐이크쉑은 기존의 패스트푸드 컨셉이 대부분이던 버거 시장에서 최고급 식재료를 사용하여 프리미엄 버거를 만들어보자는 생각에서 시작되었다.

당연하고 익숙한 것을 뒤집어 생각하면서 고급 레스토랑 스테이크로 쓰이는 블랙앵거스비프로 버거 패티를 만들었고, 최고급 인테리어 디자인과 세련된 마케팅 요소를 쉐이크쉑에 적용했다. 이름난 셰프들

과 협업하여 메뉴를 개발하기도 하고, 해당 지역에 다양한 사회 공헌 활동을 펼친다. 그리고 빨리 주문을 받는 패스트푸드 문화와 달리 1분 동안 고객과 눈을 맞추고 대화하면서 주문을 받는 문화를 만들었다. 모든 면면에서 고급스러움과 실용적인 가치 사이에서 가장 적절한 중심을 찾아 차별화된 버거 브랜드 경험을 만든 셈이다. 이렇게 쉐이크쉑 CEO 랜디 가루티는 미국을 시작으로 전세계에 '파인 캐주얼'이라는 새로운 장르를 선보였다.

쉐이크쉑에는 고급스러운 매장 인테리어와 세련된 마케팅 속에 따뜻하고 착한 아날로그적 감성이 녹아 있다. 쉐이크쉑에서 느껴지는 프리미엄 가치는 맛있고 건강한 메뉴뿐만 아니라 사회에 기여하는 긍정적인 가치들, 어린 시절 놀이동산에서 느끼던 감성을 '어른아이'들을 위해 다시 펼쳐놓은 듯한 특별한 브랜드 경험에서 구현된다.

사실 쉐이크쉑 브랜드의 시작도 착한 의미의 기금마련에서 우연히 탄생한 것이다. 고급 레스토랑을 운영하는 유니온스퀘어 호스피털리티 그룹에서 메디슨스퀘어공원 복구 기금 마련을 위해 여름에 반짝 진행한 핫도그 길거리 판매 카트에서 시작된 것이다. 사회 공헌과 기부를 위해 좋은 의미로 잠깐 진행한 여름 행사였는데, 매년 고객들이 줄을 길게 이어 핫도그를 사가면서 메뉴를 추가해 판매했고 계속 사람이 몰리자 뉴욕시에서 아예 공원에 매장을 열 것을 제안하면서 탄생한 브랜드다.

쉐이크쉑은 옛날 감성과 정서를 세련되게 재해석하고 어린 시절 먹던 메뉴들과 옛 추억들을 소환하여 메뉴를 하나씩 개발해나갔다. 메뉴판도 옛날 책받침 같은 코팅판이다. 이러한 새롭지만 친숙한 컨셉은 줄을 서기 질색하는 뉴요커들을 줄을 서게 만들었다. 천천히 다른 사람들과 담소를 나누고 진동벨이 울리면 너무나 반가워하며 메뉴를 받아가는 모습들, 주인 옆에서 강아지 전용 메뉴를 즐기는 산책 나온 강아지들, 남녀노소 국적을 불문하고 모여서 자연스럽게 말을 건네게 되는 정감가는 문화가 쉐이크쉑에 있다.

쉐이크쉑 국내 론칭을 준비하고 1~5호점까지 오픈하면서 필자가 가장 중요하게 여겼던 것은 이런 브랜드 가치와 경험의 과정들을 국내 정서에 어색하지 않는 선에서 고급스럽고 유쾌하게 터뜨리는 것이었다. 고객과 친밀하게 소통하는 유머와, 적극적이고 에너지 넘치는 외국 브랜드 정서를 국내 고객에게도 어색하지 않게 전달하기 위해서 국내 레스토랑이나 F&B(food and beverage) 업계에서 주로 쓰는 마케팅툴을 버렸다. 그대신 해외 럭셔리 잡화 브랜드나 하이엔드 패션 브랜드, 프리미엄 전자제품 브랜드, 국내 화장품 브랜드들의 마케팅 접근법으로 론칭을 기획했다.

이 책에 상세히 설명하겠지만 필자는 브랜드 론칭 시에 미디어 행사 외에도 쉐이크쉑만의 소셜개더링 파티인 하우스위밍파티를 중요한 홍보의 진앙지로 잡고 준비했다. 늘 높은 참석율을 보이는 쉐이크쉑의 오픈 전 하우스위밍 파티는 이제 국내에서도 손에 꼽히는 소셜개더링 파티로 자리잡았다. 국내 연예인을 포함한 모델과 셰프, 패셔니스타, IT 전문가, 뷰티전문가, 유통업계 및 외식업계 관계자 등 다양한 직업군의 고객과 유명 인플루언서들, 다양한 영역의 아티스트들을 초청해 버거와 수제맥주, 와인 등을 제공하며 공연과 함께 자유로운 스탠딩 파티를 열었다. 초대받은 사람들은 새로운 사람들을 만나고 격식 없이 자유롭게 하우스위밍 파티를 축제처럼 즐긴다.

오픈을 위해 그간 고생한 직원들도 자연스럽게 분위기에 몸을 싣고 다함께 춤을 추기도 하면서 고객과 구분없이 브랜드가 갖고 있는 세련되고 유쾌한 DNA를 터뜨린다.

극강의 단순이 만든 프리미엄,
블루보틀 커피

미국 샌프란시스코에서 시작돼 한국에도 상륙하는, 커피계의 애플로 불리는 블루보틀은 국내 고객 사이에서도 잘 알려진 스페셜티 커피(Specialty Coffee, 스페셜티 커피 협회에서 정한 스페셜티 기준에 따라 커피를 평가하여 100점 중 80점 이상의 커피에 대하여 스페셜티 커피라고 등급이 정해지며, 비로소 스페셜티 커피로 인정받는다) 브랜드다.

블루보틀의 프리미엄 브랜드 이미지와 고유한 브랜드 경험은 군더더기 없는 심플함에서 시작됐다. 파란색 병 로고만으로 매장 인테리어는 물론 컵과 다양한 패키지, 커피 관련 판매 제품을 디자인했다. 애플의 한입 베어물은 사과 BI(로고)처럼 블루보틀의 심플한 로고는 심지어 브랜드명도 없다. 오직 파란색 병 모양만 있을 뿐이다. 블루보틀의 인스타그램을 유심히 보면 항상 사진 한켠에 파란색 병 모양의 로고가 보인다. 파란색 병 로고만 반복적으로 노출하면서 사람들의 머릿속에 브랜드를 각인시키는 것이다.

한번쯤은 보았을 블루보틀 로고는 미국에서 각광받고 있는 3대 스페셜티 커피 브랜드인 인텔리젠시아, 스텀프타운, 블루보틀 중에서도 가장 빠른 성공세를 보인 요소이기도 하다.

로고와 함께 블루보틀이 내세우는 한 가지 핵심가치는 48시간 이내 로스팅한 스페셜티 커피만을 쓴다는 것이다. 스페셜티 커피는 커피 원

두의 재배, 수확, 가공, 로스팅, 추출 과정 등 엄격한 기준을 통과한 최상의 커피를 일컫는다. 커피 산지별로 고유한 맛과 향을 내고, 비교적 신선하게 로스팅하는 특징이 있다. 원두 생산부터 추출 과정까지 소비자들에게 자랑하고 싶은 것들이 많이 있었겠지만 블루보틀은 "48시간 이내에 로스팅한 스페셜티 커피"로 좁혔다.

때로는 단순함이 가장 어렵다. 힘들게 노력해서 자랑하고 싶은 수많은 요소들 중에서 핵심 가치를 한 가지만 뽑고 핵심 이미지를 한 가지에 집중하는 작업이 결코 쉬운 과정은 아니다. 소비자들에게 장점을 늘어놓을수록 말은 길어지고 핵심은 흩어진다. 가장 심플하게 표현될 때 브랜드가 돋보인다. 차별화된 브랜드 이미지를 구축하고 새로운 경험을 제공하는 것이 프리미엄 브랜드 마케팅의 핵심이다. 다른 가치를 뽑아내기 위해서는 먼저 압축적인 선택을 해야 한다. 많은 것들을 고루 보여주기보다 핵심 가치 한두 가지에 집중하여 브랜드 스토리를 만들고 브랜드 이미지와 경험을 만들어 내는 것이 효과적이다. 가장 먼저 브랜드의 장점과 단점을 객관적으로 인지하고 분석해야 한다. 그리고 팩트에 충실해야 한다. 단단하게 쌓이지 않은 프리미엄 가치는 금세 무너지기 때문이다.

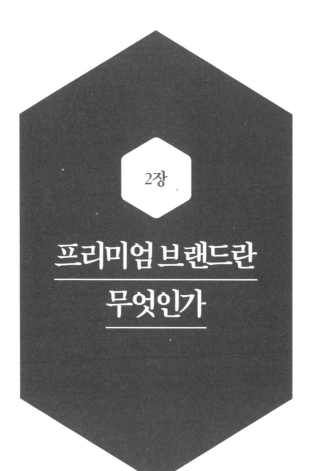

2장

프리미엄 브랜드란
무엇인가

프리미엄과 럭셔리의 차이는 무엇일까? 요즘에는 프리미엄과 럭셔리의 개념을 섞어서 쓰는 듯하다. 국내 브랜드에서 출시한 높은 가격대의 최고급 자동차를 두고서 혹자는 럭셔리 브랜드라고 평가하고 혹자는 럭셔리가 아닌 프리미엄이라고 평가할 수 있다.

프리미엄 브랜드는 다양한 기능과 혜택, 뛰어난 기술과 성능, 차별화된 브랜드 가치와 경험을 강조한다. 반면 럭셔리 브랜드는 타 브랜드와의 비교가치나 성능 비교에는 상대적으로 관심이 적다. 샤넬이나 에르메스를 좋아하는 럭셔리 브랜드 고객에게는 타 브랜드와의 가격 차이나 실용적 기능이 주 관심사가 아니다. 타사 제품보다 튼튼하다는 이유로 500만 원이 넘는 샤넬백을 사는 사람은 없다. 비교 우위가 아닌 절대적으로 차별화된 브랜드 이미지를 굳히고 유지하는 것이 럭셔리 브랜드 소비자들에게는 더 중요하다. 그 절대 가치를 형성하는 요소로는 오래된 브랜드 역사와 정통성 계승, 장인정신, 시간이 지나도 바래지 않는 타임리스 디자인 등이 있다.

프리미엄 브랜드와
럭셔리 브랜드의 마케팅 차이

한 최고급 브랜드의 시계는 아무리 돈이 많아도 바로 구매할 수 없다. 고객의 사회적인 위치나 품위 등을 다양한 각도에서 평가하여 구매할 수 있는 특권을 준다고 한다.

자동차 브랜드 페라리의 스포츠카도 모델에 따라 고도의 희소성 유지 전략을 쓴다. 2013년, 연간 1만 1,000대까지 생산할 수 있는 차량을 7,000대로 한정생산하겠다는 전략을 발표하자 일본에서 판매량이 두 배로 증가하는 등 세계 시장에서 페라리 스포츠카의 판매량이 더 늘어났다. 현재는 중국 판매 때문에 전략을 완화하긴 했지만 2016년 페라리 사업보고서에 따르면 페라리 스포츠카는 8,014대만 판매한 것으로 나타났다. 이른바 후리소매(厚利少賣, 이윤을 크게 남기고 적게 판다) 전략이다. 100

퍼센트 수작업으로 제작한다는 페라리의 스포츠카는 때로는 모델에 생산 날짜와 순번, 고객 이름까지 새겨주는 고객 맞춤형 제작 방식을 통해 주문 후 22개월이 걸려야 제품을 출고받을 수 있다고 한다.

반면 프리미엄 브랜드는 희소성을 추구하지 않는다. 특별한 가치를 지니지만 누구나 한번쯤 시도해볼 수 있는 제품의 가격대와 럭셔리 브랜드에 비해 상대적으로 쉬운 접근성을 지닌다. 하여 타깃고객 세그먼트와 시장 크기를 폭넓게 가져갈 수 있는 이점이 있다.

럭셔리와 프리미엄이라는 모호한 경계선을 구분하기 전에 옆의 브랜드 피라미드를 통해 대략적인 브랜드 구분을 살펴보자. 럭셔리와 프리미엄을 가르는 요소는 여러 가지가 있다. 우선 가격적인 측면에서 동일 제품군에서 시장 평균 가격의 30퍼센트 이상 가격을 받는 제품군을 업마켓(Up-market) 브랜드, 두 배 이상의 가격을 인정받는 제품이 프리미엄 브랜드, 그리고 5배 이상 또는 그 이상 비교할 수 없는 가격을 인정받는 브랜드를 럭셔리 브랜드로 구분짓는다.

하지만 럭셔리와 프리미엄을 구분짓는 기준이 단순히 가격뿐만은 아니다. 물론 럭셔리 브랜드가 프리미엄 브랜드보다 더 비싸지만, 럭셔리라는 작위는 시간이 지나도 변치 않는 타임리스 가치를 지녀야 한다. 독보적인 브랜드 역사와 스토리가 존재하는 브랜드는 실용적 필요와 관계없이 흠모하는 욕망의 대상이 된다. 하여 럭셔리 브랜드 제품은 실제 원가나 동일 제품 스펙이나 품질에 크게 구애받지 않고 비교할 수 없는 독보적인 가치로 평가받는다.

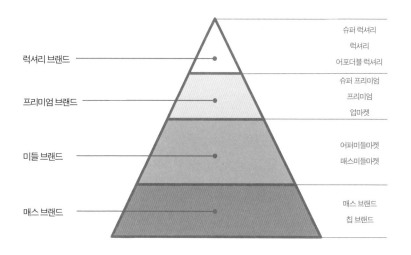

브랜드 피라미드

럭셔리 브랜드는 절대 대중적인 시장으로 판매를 넓히지 않는다. 대중이 쉽게 획득하기 어려운 독보적인 가치를 유지하기 위해 일부러 가격을 올리기도 한다. 한때는 지하철을 타는 평범한 사람들이 자기네 브랜드 가방을 들지 않도록 가격을 올린다는 소문이 돌기도 했다. 럭셔리 브랜드는 탐닉과 욕망의 결정체이자, 쉽게 가질 수 없는 대상으로 사람들의 마음속에 남길 바랄 것이다.

반면 프리미엄 브랜드는 누구나 한 번쯤 구매해 볼 만한 대중적 흡인력을 가진다. 작은 것에서 자신만의 행복과 차별화된 가치를 찾는 '스몰 럭셔리'나 '소확행(작지만 확실한 행복)' 등의 소비 트렌드도 프리미엄 가치를 추구하고 소비하는 현상을 보여준다.

대부분의 브랜드는
프리미엄을 향한다

비즈니스 컨설팅회사 아이디어쿠튀르의 CEO인 이드리스 무띠는 럭셔리 브랜드 마케팅 강연에서 브랜드의 가치 변화에 대해 다음과 같이 소개했다. 예전에는 브랜드 가치의 큰 흐름이 아래에서 위로 올라가거나(보텀업) 내려가는 방식으로(톱다운) 시장규모와 매출을 늘리는 획일적인 패턴이었다.

이제는 옆의 그림처럼 가격 경쟁력을 띤 대중 브랜드는 프리미엄으로 올라가고자 하고, 가격이 높고 시장 점유율이 상대적으로 낮은 럭셔리 브랜드는 어포더블 럭셔리(합리적인 가격의 럭셔리제품)나 프리미엄 레벨로 낮춘 하위 제품들을 만든다는 것이다.

영국의 럭셔리 브랜드 버버리에서 합리적인 가격으로 구매할 수 있는 엔트리 레이블인 '버버리 브릿'을 론칭한 것이나, 조르지오 아르마니의 세컨드 브랜드 '엠포리오 아르마니', 알렉산더 맥퀸의 'McQ', 명품 브랜드 베라왕의 웨딩드레스를 온라인 쇼핑몰에서 구입할 수 있도록 론칭한 '화이트 바이 베라왕'도 럭셔리 브랜드의 프리미엄 브랜딩 전략의 일환이다. 이런 대중화 전략을 통해 자사의 럭셔리 브랜드 가치를 보존

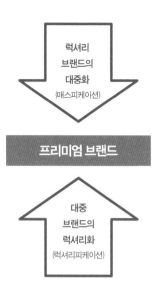

하면서도 서브브랜드를 통해 높은 매출을 보장받고 대중적 관심을 끌 수 있기 때문이다.

최근 럭셔리 브랜드는 제품 포트폴리오와 가격대별 폭을 넓혀 시장을 점유해가며 매스피케이션(럭셔리 브랜드의 대중화) 전략을 구사하고 있다. 또한 대중 브랜드에서는 반대로 기존 브랜드를 고급화하거나, 새로운 프리미엄 브랜드를 만들어 피라미드 아래에서 고급화 전략으로 위로 올라가는 럭셔리피케이션 전략을 구사하고 있다. 결국 럭셔리 브랜드든 대중 브랜드든 프리미엄 시장으로 향하는 것이다.

럭셔리 브랜드의
마케팅 방법

필자가 하이엔드 패션 매거진 마케팅팀에서 근무하는 동안 외주 경쟁 입찰 작업에 참여한 적이 있다. 유명 럭셔리 브랜드인 에르메스가 파리 본사에서 발행하는 브랜드 매거진의 한국판 제작사로 선정되기 위해 입찰 제안서를 만들어야 했다. 번역가가 프랑스어 원문을 번역한 후 아트팀에서 잡지 레이아웃을 만들어 한글로 된 입찰제안서 샘플을 만들었다.

당시 에르메스의 잡지 기사는 에르메스의 긴 역사를 설명하고, 자사가 얼마나 고차원적으로 미학적 가치를 추구하고 있는지 강조하고 있었다. 말끔하게 번역된 한국어가 어색할 만큼 근래에 자주 쓰지 않는 마구 제품(말과 관련된 제품) 관련 용어들이 눈에 띄었다. 사실 지금 프랑스에서도 마구 제품은 광범위하게 쓰이지 않을 텐데 말이다.

"에르메스 최초의 고객은 말이다. 말은 광고를 볼 줄 모르고 세일이나 판촉 행사에 초대되지도 않는다. 오직 말 등 위에 얹혀진 안장이, 말을 재촉하는 채찍이 얼마나 편안하고 부드러운지에 따라 더 행복해하고 잘 달릴 뿐이다."

| 장 루이 뒤마, 전 에르메스 CEO

그러나 한번 더 생각하면 귀족이나 왕실에서 필요한 마구 제품을 장인정신으로 만들어 유통한 전통을 계승하고 이를 널리 홍보함으로써 에르메스가 지금까지 럭셔리 브랜드로 남을 수 있었던 이유였다. 남들이 쉽게 따라할 수 없는 브랜드 역사와 정통성에 대해 집요할 정도로 강조하고 비싼 홍보비를 들여 광고하는 것은, 시간이 지날수록 가치가 더 높아지고 럭셔리 반열에 강력하게 자리매김하는 툴이 되기 때문이다. 지금도 에르메스는 그 전통을 지키기 위해 고집스럽게 말 안장이나 굴레, 채찍, 승마복 등을 제작해 판매하고 있다.

2014년 이탈리아의 북부에 위치한 도시, 모데나의 피아자그란데광장에서 마세라티 자동차의 100주년 기념행사가 열렸다. 전세계 30여 개 국에 있는 마세라티 고객과 90여 명의 저널리스트를 초청하여 수상식과 프레스 행사(기자 회견), 고급스러운 연회를 개최했다.

업무상 알고 지냈던 자동차 전문 기자도 그날 행사에 맞춰 이탈리아로 출장을 갔다. 행사 후 배포된 공식 보도자료와 스케치 기사를 보니 피아자그란데광장에는 수많은 마세라티 차량들이 줄지어 들어와 장관을 이뤘다고 한다. 100주년을 기념하여 국경을 넘어 다양한 마세라티 차량들이 모인 것이다.

이 행사는 브랜드의 100년을 고객과 함께 축하하며 즐기는 이벤트이기도 했지만, 마세라티가 100년간 쌓아온 유산을 자랑하고 쉽게 뛰어넘을 수 없는 존재감을 과시하는 자리였다. 럭셔리 브랜드 마케팅에서 가장 중요한 유산과 전통을 자랑하기 위해 큰 행사를 개최한 것이다.

10년 전쯤 한 브랜드 행사장에서 마세라티 담당자를 소개받고 명함을 주고받은 적이 있다. 지금은 국내 TV광고 캠페인을 많이 진행하면서 마세라티를 아는 국내 대중들이 많아졌고, 드라마 PPL로도 자주 등장하며 다양한 홍보 활동을 펼치고 있지만, 부끄럽게도 당시 필자는 마세라티가 최고급 자동차 브랜드 이름인지 몰랐다. 담당자와 대화를 길게 이어나가지 못하고 허공에 뜨는 일반적인 대화만 나눈 기억이 있다. "마세라티가 뭔가요?"라고 물어볼 용기까지는 없었으니 말이다.

　　사실 차에 대한 욕망이 높지 않은 소비자이고 당시 자동차에 관심이 없던 필자로서는 그때는 페라리, 람보르기니가 알고 있는 최고급 자동차였고 당시 국내에서는 상대적으로 인지도가 높지 않았던 마세라티 브랜드를 인지하지 못했다. 필자의 생활 영역에서 흠모할 수 있는 브랜드 가격대를 넘어섰기 때문이다.

　　럭셔리 브랜드의 특징인 미학적 완성도와 관련하여 럭셔리 사상의 권위자이자 브랜드 전문가인 장 노엘 카페레는 그의 책《럭셔리 비즈니스 전략》에서 이렇게 말한다.

　　"럭셔리는 결코 비교의 대상이 아니며, 실용성과 기능성으로 평가받지 않는다. 럭셔리는 탐닉의 대상이며 그야말로 꿈의 총체다. 그리고 오늘날 럭셔리는 민주사회로의 이동 과정에서 사라져버린 사회적인 계층을 되살리는 역할까지 맡고 있다. 그렇다. 럭셔리는 꿈의 비즈니스다. 하지만 꿈이라는 것은 결코 현실이 아니다. 그러므로 이 꿈의 비즈니스는 결코 현실 비즈니스의 룰을 따를 수 없다. 아니, 따라서도 안 된다."

저자의 말을 빌리면 럭셔리 비즈니스에 필요한 것은 일종의 '광기'다. 이들은 평범한 사람들은 이해하지 못할 만큼의 돈을 쏟아부어 쉽게 살 수 없고 평소에 입을 수도 없는 의상을 만들어 발표하는 오트쿠튀르 쇼(매년 1, 7월 파리에서 열리는 최고급 맞춤복 발표회)를 연다. 1세대에서는 그다지 빛을 못보더라도 후대에 럭셔리 브랜드의 반열에 오르기도 한다. 그때 그 브랜드 가문이나 회사가 거두어들이는 어마어마한 수익은 오랜 세월의 적자에 대한 보상인 셈이다. 많게는 총 80퍼센트의 마진을 남기기도 한다니 말이다.

쉬는 날 '디올 앤드 아이(Dior and I)'라는 영화를 보았다. 영화의 내용은 크리스찬 디올의 수석 디자이너인 라프 시몬스가 2014년 FW 오트쿠튀르 컬렉션을 준비하는 과정을 다큐멘터리 형식으로 담은 것이었다.

전세계적인 관심 속에서 최고 럭셔리 브랜드의 수석 디자이너가 받는 중압감, 실험적인 의상을 제작하는 과정에서 재단사 장인들과 겪는 팽팽한 기싸움, 그동안 쌓아온 디올의 영광을 지키면서도 디자인 DNA를 새롭게 해석하고 크리에이티브를 뽑기 위해 고민하는 모습이 인상적이었다. 남성복 브랜드 출신의 내성적인 크리에이티브 디렉터가 크리스찬 디올의 아뜰리에에서 화려한 오트쿠튀르 컬렉션을 준비하는 과정들을 담담하게 담았다.

컬렉션이 열리기 직전 라프 시몬스는 그간의 긴장감과 스트레스로 참았던 울음을 터뜨렸다. 아마도 낯을 가리고 말수 없는 그가 기자들과 쟁쟁한 패션 피플들의 날카로운 평가를 견디기 힘들었을 것이다. 또 크리스찬 디올의 역사에 한 획을 그어야 한다는 중압감도 컸을 것이다.

영화에서 가장 인상적이었던 부분은 라프 시몬스가 오래된 파리 대저택의 천장부터 실내 내부를 생화로 다 덮겠다는 파격적인 제안을 할 때였다. 그러자 수많은 부서와 외부 대행사 사람들이 일사분란하게 움직여 런웨이 건물 전체를 꽃으로 화려하게 꾸미기 시작했다. 엄청난 설치미술에 가까웠던 그 아이디어는 크리스찬 디올의 생가를 방문했을 때 정원에서 느낀 꽃에 대한 디올의 열정을 그대로 컬렉션 런웨이에 시각과 후각으로 채우겠다는 라프 시몬스의 의지였다.

컬렉션은 성공리에 마무리되었고, 당시 화제가 된 꽃에 대해 해외 기사를 찾아보니 15만 송이가 넘는 흰색 오키드꽃을 썼다고 한다. 유명 패션 디자이너와 수없이 협업을 했던 화훼농장 주인 테일러 패터슨은 당시 디자이너들이 쇼를 위해 적게는 2,700만 원에서 많게는 2억 7천만 원까지 돈을 쏟아붓는다고 한다. 15분이면 끝날 한 번의 런웨이를 위해서 말이다.

사그라다 파밀리아 성당을 비롯해 역사적인 건축물을 남긴 스페인의 천재적인 건축가 가우디는 길에서 행려병자처럼 죽었다고 한다. 당시 입고 있는 옷과 행색이 너무 초라하여 가우디가 길에서 죽었을 때 아무도 그가 가우디인 줄 몰랐다고 한다. 평생에 걸쳐 세기의 걸작을 남긴 가우디의 일생은 뭇 유명한 화가들의 쓸쓸한 인생처럼 물리적인 보상

조차 잊은 광기에 가까운 장인정신에 가깝다고 할 수 있다.

럭셔리 브랜드가 구현하는 것은 바로 그 꿈에 가까운 궁극의 화려함이다. 브랜드 시작 초기에 집착에 가까울 만큼 제품과 디자인의 심미학적 완성도에 투자한 것이 지금에 이르러서야 그 가치를 인정받고 전세계적으로 사랑받는 브랜드가 된 것이다.

전세계 오피니언 리더들이 사랑하는
안경의 비밀

빌 게이츠, 문재인 대통령, 브래드 피트, 맷 데이먼, 메릴 스트립, 첼리스트 요요마의 공통점은 무엇일까. 모두 덴마크 안경 브랜드인 린드버그 제품을 착용하고 있다는 것이다.

해외에서는 빌게이츠가 〈포브스〉 잡지 표지 촬영 때 착용한 안경 제품으로 알려졌고, 한국에서는 대통령으로 당선되기 전부터 '문재인 안경'이라는 닉네임으로 입소문이 퍼지면서 안경 업계에서는 드물게 베스트셀러가 되었다. 린드버그는 세계 유명 기업가, 정치인, 배우, 음악가, 왕족 가문, 패션피플부터 카레이서까지 초경량 안경을 선호하는 사람들이 선호하는 프리미엄 브랜드로 알려져 있다.

필자가 〈지큐〉 브랜드 매니저로 일하고 있을 때 린드버그가 국내에 처음 소개됐다. 당시 아시아 지역을 총괄하는 덴마크인 디렉터와 상하이에서 미팅을 한 적이 있다. 그때 처음 린드버그 브랜드 역사에서부터 개발 과정, 소재의 차별성 등에 대해 듣게 되었다.

1969년 검안사였던 폴 존 린드버그가 세운 안경점에서부터 시작된 린드버그의 가장 두드러진 장점은 안경테의 무게로, 에어티타늄 소재를 사용하여 적게는 1.7그램에서 많아야 3그램이 채 나가지 않는다. 1980년대에는 티타늄이라는 최첨단 소재가 우주 항공, 의료 분야 등에서만 사용되었는데 이를 연구하여 에어티타늄 소재의 안경테를 개발했다. 내구성을 높이기 위해서 안경테를 잇기 위한 나사나 접착제를 사용하지 않는 것도 특징이다. 고강도의 얇은 티타늄을 구부려 완성하기 때문에 얇아서 잘 부러질 듯하지만 절대 부러지지 않았다. 샘플 제품을 휘어보아도 금세 원형을 찾는 탄성력이 있었다.

린드버그는 외부 OEM을 쓰지 않고 직접 인하우스에서 모두 제작한다고 늘 강조한다. 아직도 전세계 물량을 덴마크 본사에서 부품 제작, 안경 조립, 포장, 판매 후 수리까지 직접 한다. 까다로운 장인정신이 필요한 작업으로 A-Z까지 본사에서 모든 공정을 거치며 극도로 간결하고 정제된 초경량 안경테를 만들고 있다.

그러나 브랜드 명성과 인지도에 비해 직접 운영하는 매장이 없다. 한국에서도 백화점이나 하우스브랜드 전문 안경점에만 입점돼 판매하는 구조인데, 입점 조건이 까다로운 것으로 유명하다. 대신 티타늄 외에도 코뿔소의 뿔, 금, 심지어 다이아몬드까지 소재로 연구하는 등 간결한 디자인과 오래 지속되는 품질에 대한 장인정신에 올인하고 있다. 지금도 린드버그는 안경을 오래 써오고 더 좋은 안경을 찾는 소비자들을 위해 제품 개발과 투자를 아끼지 않고 있다.

우리 주변에서 시작되는 프리미엄 마케팅

물론 앞에서 열거한 럭셔리 브랜드를 우리의 생애 주기 동안 완성하는 일은 불가능에 가깝다. 고급스러운 브랜드를 만들 수는 있겠지만, 럭셔리 브랜드가 된다는 것은 한 세대에 이루어지는 일이 아니기 때문이다.

하지만 프리미엄 브랜드라면 이야기가 다르다. 기존 라인업에서 프리미엄으로 재포지셔닝할 수도 있고 새롭게 기획하여 프리미엄 브랜드를 만들 수도 있다. 아니면 동일 제품으로도 프리미엄 브랜딩을 거치고 프리미엄 마케팅 전략을 구사하여 프리미엄 시장으로 진입해볼 수도 있다. 기업 입장에서든 소규모 자영업에서든 프리미엄화는 도전해볼 만하다는 것이다.

할머니로부터 물려받은 국밥 사업도, 소자본으로 커피 브랜드를 창업하는 청년에게도, 회사 어떤 부서에서 일을 하더라도 적용해볼 만한 프리미엄 브랜드 마케팅 전략들은 무궁무진하다. 속한 회사의 기존 브랜드를 다듬을 수도 있고, 새롭게 창업하여 혁신적인 프리미엄 가치를 구축해볼 수도 있으며, 품질에 목숨을 걸고 최고의 제품을 만들어볼 수도 있다.

세계적으로 유명한 한국인 치즈 장인이 있다. 미국에서 안단테 데어리 치즈 공방을 운영하며 치즈를 만드는 김소영 씨다. 김소영 씨는 레스토랑 2곳에서 동시에 미슐랭가이드 별 3개를 받은 전설적인 셰프 토머스 켈러 등이 극찬한 수제 치즈를 한정 수량으로 생산하고 있다. 그는 연세대에서 식품 공학을 전공하고 카이스트에서 생명과학 식사를 받은 후 보스톤으로 건너가 결혼을 하게 되었다.

결혼 후 여행간 유럽에서 우연히 치즈를 처음 접했다고 한다. 그뒤 김소영 씨는 치즈에 빠져 낙농학을 기초부터 다시 공부하고 유산균을 연구했다. 발효 환경에 영향을 미치는 치즈 공방 청소부터 직접 하며 다양한 치즈 제품 개발에 몰입한다. 매일 새벽 2시 30분에 일어나 신선한 우유를 공급받고 평생에 걸쳐 치즈 만드는 인생을 살았다고 한다. 피콜로, 아다지오, 론도 등의 음악 용어를 딴 치즈 이름은 김소영 씨가 피아노에 조예가 깊기 때문이다. 그 결과 그는 유명 레스토랑에서 앞다투어 치즈를 주문해가는 치즈 장인이 되었고 그가 한정적으로 생산하는 치즈 브랜드는 프리미엄 브랜드가 되었다.

또다른 예로는 전남 보성에 위치한 보향다원의 녹차가 있다. 금을 전기분해하여 콜로이드 상태의 용액으로 만든 후 차나무에 뿌려 재배한 진짜 금(金)녹차인 황금녹차가 있다. 4대째 내려온 보향다원의 황금녹차는 대통령 표창을 받기도 했는데, 한국 유명 호텔에서 10그램짜리 포 8개로 구성된 80그램 한 세트가 130만 원에 팔린다고 한다.

최근 한국에서도 옛 가업을 물려받아 국내 소비자의 취향과 트렌드를 반영하고, 비즈니스 모델을 새롭게 구축하여 브랜드 리포지셔닝에 성공한 사례들을 쉽게 찾아볼 수 있다. 해외에서 공부를 마치고 돌아와 할아버지가 창업한 어묵 사업을 물려받고 제품 개발과 프리미엄화에 성공해 서울 백화점 곳곳에 입점한 부산 삼진어묵도 유명한 예다.

그리고 필자가 좋아하는 라이프스타일 브랜드인 키티버니포니도 대구에서 아버지대부터 운영한 자수공장의 기술력에 북유럽 감성의 디자인을 접목시켜 패브릭 제품으로 탄생시킨 케이스다. 마포구 합정동에 위치한 키티버니포니 플래그십스토어에 가면 쿠션이나 침구류, 커튼, 에코백 등 감각적이고 세련된 패브릭 제품들을 만날 수 있다. 여러 브랜드와 디자인 협업을 하고 온라인스토어 및 다양한 리테일 채널에서 만날 수 있는 키티버니포니는 성공적인 2세대 프리미엄 브랜딩의 좋은 예다.

프리미엄을 적용할 수 있는 범주와 카테고리는 이쑤시개부터 주상복합주택까지 장르와 규모를 망라하고 무엇이든 가능하다. 프리미엄 마케팅을 하기 전 가장 중요한 것은 품질은 물론 서비스, 제품 혁신, 경쟁력이 기반되어야 한다. 그리고 이를 효과적으로 스토리텔링하고 고급스러움을 입혀 마케팅하는 것이 그 다음 단계다.

3장

프리미엄 버거
쉐이크쉑 론칭

그해 여름은 뜨거웠다. 33도 폭염이 깔린 강남대로는 약 1,500여 명의 고객들이 쉐이크쉑 강남점 개장을 기다리며 전날 밤부터 줄을 서 있었다. 전날 밤 10시부터 지방에서 올라온 첫 번째 고객을 시작으로 아침 8시경에 벌써 줄이 길게 이어져 있었다. 예상을 뛰어넘는 취재진의 열기와 고객들의 기대로 필자와 모든 관계자들은 오픈 행사를 앞두고 극도로 예민해졌다.

11시 개장이 임박하자 매장 안에는 버거를 시식하는 모델을 촬영하는 사진 기자들과 회사 임원들, 오픈을 준비하는 직원들로 발 디딜 틈이 없었다. 매장 밖으로는 많은 고객들이 끝도 없이 줄을 서 있었다. 대기 고객들과 이 광경을 구경하는 시민들로 인산인해를 이루었고 미리 통제벨트를 쳐놓은 포토존 주변에는 카메라를 들고 있는 기자들이 열띤 취재 경쟁을 벌이며 미묘한 신경전이 벌어지기도 했다.

모두에게 최적의 편의를 제공하고 안전하게 행사를 진행해야 하는 상황에서 담당자들은 진땀을 빼며 취재기자 응대와 고객 안전 관리를 위해 바삐 움직이고 있었다. 사실 많은 매체에서 취재를 나올 것이라 예상은 했지만 예상보다 취재 열기는 더 뜨거웠고, 한 매장에 오픈 첫날부터 4,000여 명의 고객이 찾아와준다는 것은 전세계 쉐이크쉑 오픈 사례에서도 드문 일이었다.

가는 곳마다 축제가 되는
CEO의 유쾌한 에너지

쉐이크쉑 티셔츠를 입은 염광메디텍고등학교 관악부는 큐 사인에 맞춰 미리 준비된 곡을 연주하기 위해 대기하고 있었다. 카메라들과 수많은 눈들이 11시 정각 리본 커팅 행사 시작을 기다리고 있었다.

옆 사람이 하는 말이 제대로 들리지 않을 만큼 정신없었던 현장에서 최종 사인을 내려야 하는 필자는 행사 시작 불과 15분 전 진땀을 뺐다. 이날 행사를 위해 미국에서 방한한 랜디 가루티 쉐이크쉑 CEO가 갑자기 사전 시나리오에 없던 단체 춤을 추며 카메라 앞에 등장하겠다며 저스틴 팀버레이크의 'Can't stop the feeling' 곡을 크게 틀어달라고 요청했기 때문이다. 당시 관악부가 사전에 연습한 곡이 아니었고 매장 BGM 리스트에도 없던 곡이었다.

순간 머리에서 김이 났다. 행사 책임자로서 빠른 판단을 내려야 했다. 무전기를 찬 몇 명과 교신하여 돌발 프로그램을 끼워넣는 것이 가능한지 타진하다 무리가 될 것이라는 매장 안팎의 의견을 종합해 지극히 실무자 관점의 판단을 내렸다. 필자는 랜디 CEO에게 미리 준비한 상황이 아니라 죄송하지만 어려울 것 같다고 말했다.

당시 마크 리퍼트 주한 미국대사가 쉐이크쉑 행사에 참석했는데, 미국 대사의 칼 피습 사건이 일어난 지 1년이 채 되지 않아 외부 행사 보안이나 경호가 매우 엄격한 상황이었다. 행사 일정을 미리 전달받고 상황을 통제하는 경찰청 외사과와 경호원 및 미국 대사관에서 합류한 경호팀 규모도 컸고, 진행해야 할 프로그램이 분 단위로 빠듯하게 잡혀 있었다.

리허설을 마친 상태에서 갑자기 행사가 틀어지면 연주자들, 박수를 치고 나가야 하는 직원들, 일정을 알고 있는 기자들 모두에게 혼란을 줄 수 있었다. 고객들에게도 혼선을 주지 않아야 된다는 생각이었다.

그렇게 급박한 상황에서 랜디 가루티 CEO와 나는 1분 정도 의견을 주고받다 결국 음악을 구해 매장 스피커를 통해 틀기로 했다. 스피커를 컨트롤하는 조정실은 매장 내부 깊이 있었는데 음악이 연결되었다고 OK 사인을 받고 나니 행사 시작이 채 60초도 남지 않았다.

결과적으로는 대성공이었다. 역시 CEO의 동물적인 판단이 옳았다. 랜디 가루티 CEO와 그 뒤를 따르는 유니폼을 입은 직원들이 음악에 맞춰 춤을 추며 나오자 카메라 셔터 소리가 끝없이 이어졌다. 그 중에서는 직원 트레이닝과 초반 오픈 기간 공동 근무를 위해 한 달간 체류하고 있던 미국 현지 트레이너들과 힘들게 일했던 슈퍼바이저, 매니저, 처음 일을 시작하게 된 직원들이 있었다. 전날 매장에서 재미삼아 연습한 춤이었는데 모두들 춤을 너무 잘 추었다.

신나는 춤과 함께 하나둘셋을 외치며 리본 테이프를 끊자마자 관악단들의 흥겨운 연주가 이어졌고 오랜 시간 기다려온 고객들은 환호하는 직원들과 하이파이브를 하며 매장에 들어섰다. 오랫동안 브랜드 오픈을 준비한 모든 직원들과 오랫동안 기다려준 고객들이 서로 반가워하며 첫 오픈 순간을 맞았다. 꽤 오랜 시간을 줄 서서 기다린 고객들은 선착순으로 미리 제작해둔 기념 티셔츠를 선물로 받았다. 고객들은 익숙하지 않은 메뉴판을 보며 신중하면서도 들뜬 표정으로 주문했다.

그때 느꼈다. CEO부터 모든 직원들이 춤을 추며 고객에게 다가가던 유쾌한 에너지가 바로 전세계 쉑팬을 즐겁게 해주는 가치였음을.

브랜드의 진정성은 모두를 행복하게 한다,
대니 마이어 USHG회장의 방한

'뉴욕 식탁을 지배하는 이노베이터'라는 칭송을 듣는 레스토랑 업계 1인자가 있다. 쉐이크쉑이 속한 그룹이자 '호스피털리티(환대, 후대라는 뜻으로 호텔이나 레스토랑, 카지노, 리조트, 클럽 등에서 손님을 대하는 고품격 서비스업)'라는 새로운 경영 철학을 만든 유니온스퀘어 호스피털리티그룹(이하 USHG)의 대니 마이어 회장이 2017년 2월, 3박 4일 일정으로 한국에 왔다.

마케팅 담당자로서 그와 동행하며 금요일부터 주말 비공식 투어와 월요일 기자회견, 신문사 인터뷰 등 공식 일정을 밀착 수행하면서 대니 마이어 회장의 이야기를 직접 들을 수 있었다. 아침부터 밤까지 함께 서울의 구석구석을 소개하며 함께 맛집을 찾아가기도 했다. 개인적으로는 주말을 반납하며 일을 했던 힘든 일정이었지만 왜 그가 〈타임〉 선정 100대 인물이 되고, 어떻게 세계적으로 존경받는 기업가가 되었는지 가까이서 느낄 수 있는 영광스러운 기회였다.

뉴욕뿐 아니라 다양한 전세계 하이클래스 인맥을 갖고 있는 대니 마이어는 오바마 미국 전 대통령의 가족들이 그의 집에서 식사를 하기도 했고, 오바마 퇴임식 파티도 대니 마이어 회장이 운영하고 있는 뉴욕의 한 레스토랑에서 열렸다. 그가 한국에 오기 전 빼곡하게 정리한 위시 리스트와 한국 맛집 리스트를 보면서 함께 허름한 이태원 치킨집부터 불고기집까지 다양한 식당들을 방문했다. 한국을 이해하고 체험하고 싶은 노장 CEO의 비공식적 주말 일정이었지만 호텔 엘리베이터에서부터 가는 곳마다 그를 알아보는 한국인과 외국 팬들이 있었다.

그는 호텔 엘리베이터에서 우리 일행에게 물었다. 맛있는 음식을 입에 물고 싸우는 사람을 본 적 있느냐고. 없다. 그래서 우리는 맛있는 음식을 만든다. 레스토랑업의 핵심인 맛있는 음식은 사람들에게 행복을 전해준다는 것이다. 고객에게 맛있고 행복한 기억을 주고자 노력하는 자세와 기본을 지키는 신념, 고객들을 대하는 진정성에서 그의 세계적인 레스토랑 성공 역사가 시작되었다.

그의 방한 이후 나는 뉴욕 출장 중 그의 레스토랑에 식사하러 간 적이 있었다. 폐를 끼치지 않으려고 일부러 회사 관계자들에게 예약을 부탁하지 않고, 현장에서 운 좋게 하나 남은 자리가 있어 한국 일행들과 앉아 있었는데 그날 레스토랑에 온 대니 마이어 회장과 다시 만나게 됐다. 인사를 마친 후 그를 알아본 여러 사람들이 그의 주변에서 서성이는 모습과, 한 명 한 명 따뜻하게 맞아주는 그의 젠틀함이 인상적이었다.

다음날 회견 관련 브리핑 때문에 약간 긴장되어 있는 내게 회장은 따뜻한 위로와 인생 이야기를 해주었다. 바쁜 일정 속에서도 그는 아침 운동을 잊지 않았으며, 가족들과 화상통화를 하며 살뜰하게 챙겼다. 그의 주변은 늘 따뜻하고 현명한 기운이 돌았다. 그는 남들과 섬세하게 교감하고 이해해주는 공감능력이 뛰어난 것 같았다. 삶에 대한 태도와 사업적 통찰은 짧게 나누는 잡담 속에서도, 공식적인 인터뷰 석상에서도 부드럽고 위트있게 묻어났다. 대니 마이어의 말들은 쥐어짜지 않은 자연스러운 인생에서 비롯되었으며 그가 수립한 사업 철학과 정직한 브랜드는 그와 꼭 닮아 있었다.

76세인 필자의 아버지는 현역 농부로 일하고 있다. 주로 겨울 작물인 시금치, 부추 등을 하우스농사로 짓고 계신데 결혼 승낙을 받기 위해 남편과 포항에 내려갔을 때 해주신 이야기가 있다. 주로 서울 가락시장으로 가는 채소들을 박스에 담아 매일 트럭으로 실어 중개업자에게 넘기는데, 아버지 이름이 적힌 시금치 박스는 굳이 열어보고 바닥까지 검수를 하지 않아도 시금치가 허튼 것 없다고 믿고 사간다고 한다.

어떤 이는 양을 늘리기 위해 박스 맨 밑에는 B급 시금치를 살짝 섞어 놓기도 한다는데, 거짓말을 못하는 아버지는 늘 최상의 시금치만 담아서 판매하고 B급은 주변 친척들이나 가족들이 먹을 수 있도록 주변에 후하게 나눠주시곤 한다. 사업을 하는 남편에게 남을 속이지 않고 성실하게 일하는 것을 강조하고 싶으셨던 인생 선배로서의 조언이었다. 대니 마이어가 정립한 호스피털리티 경영 철학을 소개한 저서 《세팅 더 테이블》에는 아래와 같은 글귀가 있다.

"직원들은 손님을 배려하기 이전에 먼저 서로 도우면서 일하는 것이 왜 중요한지 알아야 한다. 어떤 분야에서나 상호 존경과 신뢰는 의욕적으로 일하는 팀이 되기 위해서 반드시 필요하다. 그리고 훌륭한 직원들은 훌륭한 사람들과 함께 일할 수 있는 회사를 찾는다."

필자는 그가 뉴욕에서 운영하고 있는 레스토랑을 4군데 정도 방문했다. 뛰어난 맛은 물론이고 서빙하는 직원들 모두 풍부한 지식을 갖추고 물 흐르듯 세련된 매너로 손님을 맞으며 따뜻한 태도로 메뉴를 설명해주곤 했다. 쉐이크쉑 브랜드 교육 과정의 일환으로 필자도 미국의 한 매장에서 유니폼을 입고 매장 테이블 정리 업무를 한 적이 있다. USHG 매장 업무의 핵심은 테이블을 빨리 치우고 닦는 것이 아니었다. 고객 근처에 자연스럽게 다가가서 불편한 것이 없는지 먼저 살피는 것이었다.

USHG의 최고급 레스토랑의 시작은 원래 뉴욕의 우범지대였던 유니온스퀘어의 허름한 가게였다. 최고의 맛과 호스피털리티 서비스를 선보이자 점차 사람들의 발길이 이어지기 시작했고 주변 환경도 개선돼 지금은 뉴욕의 핫플레이스가 되었다.

죽어 있는 지역을 살리고자 한 노력이 지금은 뉴욕의 하이클래스들이 즐겨 찾고 《자갓 서베이》, 〈뉴욕타임스〉 등 각종 고급 레스토랑 랭킹과 미디어 찬사를 휩쓰는 레스토랑의 어벤저스 군단이 되었다.

쉐이크쉑을 포함한 USHG의 채용 원칙 중에는 51퍼센트의 법칙이 있다. 예를 들어 셰프를 뽑더라도 요리를 잘 하는 기술적인 역량을 49퍼센트로 본다면, 지원자가 가지고 있는 공감력과 인성을 51퍼센트로 더 높이 비중을 두고 채용하는 원칙이다. 기술이나 경험적인 역량은 배우면 되지만 타고난 인성과 사람을 대하는 감성은 가르칠 수 없다는 것이 USHG의 경영 철학이다.

프리미엄 고객
세그멘테이션 방법

쉐이크쉑 브랜드 컨셉은 콧대높은 럭셔리 브랜드가 아닌 누구나 한 번쯤 사먹을 수 있는 가격대의 최상의 재료를 쓴 건강한 버거였다. 그래서 한산한 고급 주택 지역보다는 유동 인구가 높은 곳에 주로 입점했고, 매장 안에는 다양한 구매력을 지닌 고객들이 버거를 함께 즐길 수 있도록 활기찬 분위기를 연출했다.

고객을 세분화하고 정의하는 작업은 하나의 정답이 있는 것이 아니다. 이해 당사자들이 들었을 때 쉽게 이해될 만한 논리와 기준에 맞춰 정의내리는 것이다. 기존 고객 데이터가 있는 경우 데이터 분석을 통해 고객을 세분화하고 그룹화하여 묶을 수 있을 것이다. 인구 통계학적, 행동학적 구분 등을 통해서 말이다. 그러나 쉐이크쉑처럼 국내 론칭 전 고객이 존재하지 않는 경우에는 목표하고자 하는 실질적인 고객을 추측해 세분화하는 노력이 필요하다.

고객 세분화는 마케팅 목적에 따라
고객을 잘게 나누고 분류하는 작업이다.

| **데이비드 이츠**, 브랜딩 컨설턴트

고객을 세분화하는 방법으로 아주 단순하게는 인구통계학적 방법

이 있다. 전통적인 고객 세분화 방식으로 성별, 나이, 거주지역, 수입, 교육 수준 등으로 구분한다. 요즘은 라이프스타일이나 구매 동기 등으로 고객을 세밀하게 구분한다. 초세분화되고 있는 고객의 입맛에 맞춰 타깃층 또한 잘게 나누고 쪼개야 하기 때문이다.

고객을 초세분화하는 작업에서 구매 동기나 구매 패턴과 같은 행동 데이터를 잘 살펴보아야 한다. 고객이 SNS나 웹사이트, 어플리케이션 등에 남긴 디지털 발자국, 사회 통계학적 수치와 트렌드를 분석하고, POS(포스, 커피숍이나 식당 등에서 주문받을 때 쓰는 단말기)에 쌓인 데이터와 구매 패턴을 분석한 빅데이터 자료를 통해 복합적으로 접근해볼 수 있다. 라이프스타일을 기준으로 고객을 나눈다면 현재의 라이프스타일 또는 추구하는 라이프스타일로 구분할 수도 있고 온라인쇼핑몰, 쇼핑앱의 검색, 방문, 구매, 추천 등의 수량을 분석하여 구매 행위의 단서를 카테고리화해볼 수 있다.

흔히 '마케팅 깔대기'라고 불리는 '마케팅 퍼넬(funnel)'은 고객의 구매 과정과 브랜드의 성장 단계를 보여주는 전통적인 마케팅 방법론 중 하나다. 마케터라면 잘 알고 있는 용어일 것이다. 마케팅 깔대기에서 어느 단계에 자신들의 고객이 있는지를 파악하는 것이다.

마케팅 깔대기는 브랜드를 인지하는 단계, 구매를 고려하는 단계, 구매 결정을 내리고 구매를 실행하는 단계, 반복 구매하는 단계 이렇게 5~6단계로 구분한다. 하여 초반에는 브랜드 인지도를 높이기 위한 홍보 및 마케팅 활동을 펼치고 구매로 이어질 수 있는 제품 사용 후기, 리

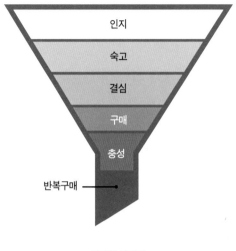

마케팅 깔대기

뷰 및 각종 설득력 있는 영상 자료 등으로 바이럴을 일으키는 것이다. 마지막으로 가격 할인 프로모션이나 무료 샘플 증정, 매장의 POP 홍보물이나 온라인 구매 채널 내에서의 배너광고 등으로 고객 혜택을 인지하게 하여 구매를 촉발시킨다. 한번 구매한 고객에게는 포인트를 지급하고 쿠폰을 주어 구매 경험을 긍정적으로 만들고 브랜드에 대한 충성도를 높인다. 이 단계에서 만족한 고객은 긍정적인 구매 후기를 남기고 재구매로 이어지며, 이때 주변인들에게 적극적인 추천으로 이어질 수 있도록 유도해야 한다.

과거 비교적 단순하고 브랜드에서 고객으로 흐르는 수직적인 구매

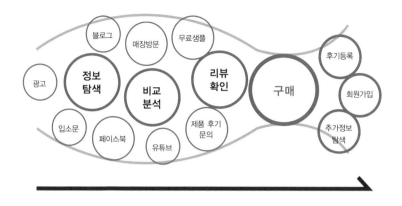

물고기형태로 진화하는 새로운 소비자 구매 과정

여정의 이론이 진화해 최근에는 새로운 형태로 소비자 구매 과정을 설명한다. 켈리 문니의 책 《오픈브랜드(Open Brand)》에서 밝힌 고객 구매 고객 여정은 위의 그림과 같이 물고기 형태로 변화했다고 한다.

쉐이크쉑의 경우 초반에 필자가 잡았던 고객 구분은 다음과 같았다. 브랜드 론칭 초반과 이후에는 당연히 고객층 구분이 달라질 것을 염두에 두었다.

1차 도달 고객은 쉑팬(Shack Fan)이었다. 쉑팬은 쉐이크쉑의 팬층을 일컫는 자체 용어다. 해외여행이나 유학 등의 체류 기간 중 쉐이크쉑을 경험하고 긍정적인 브랜드 이미지를 갖고 있는 사람들, 그리고 직접 경

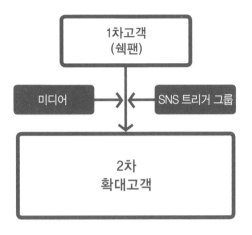

쉐이크쉑 고객 구분

험하지 못하여도 브랜드 철학이나 가치에 대해서 알고 있으며 긍정적 기대감을 갖고 있는, 1차적으로 브랜드를 인지하고 있는 고객들이었다. 이들은 다양한 문화에 대해 개방적인 동시에 사회 문제나 문화 현상, 트렌드 등에 관심이 높은 오피니언 리더였다. 또한 트렌드에 기민하게 움직이는 트렌드세터들도 중요한 쉑팬이었다.

그리고 두 번째로 중요한 소구 대상은 국내의 모든 미디어였다. 언론 매체는 크게 두 그룹으로 나누고 다시 분야별로 세분화하여 커뮤니케이션했다. 한 축은 뉴스를 다루는 일간지 신문과 TV뉴스, 생활정보 프로그램등 비즈니스 및 정보가 중심인 매체들이었다. 다른 축은 트렌드와 패션, 라이프스타일을 감각적이고 발빠르게 다루는 패션 잡지, 라이프스타일 잡지, 온라인 매체 등으로 이를 소프트 미디어라고 지칭하고 두 가지 다른 접근을 했다. 보도자료를 쓰는 방식과 제공하는 컨텐츠, 자료 사진 등을 별도로 제작해 제공했다. 선호하는 컨텐츠가 조금씩 다르기 때문이다.

그 안에서도 다시 경제경영 전문지가 있고 요리와 외식 업계를 다루는 매체, 패션과 라이프스타일, 인테리어, 주부지, 소셜미디어 전문 채널, CEO 리더십과 비즈니스 등을 다루는 분야 등으로 세분화했다. 미디어마다 다루는 내용과 선호하는 기사의 톤, 보도사진 스타일, 마감 일정 등이 다르므로 최대한 잘게 세분화하여 커뮤니케이션 전략을 짜야했다. 그리고 미디어 관계자는 스스로가 강력한 인플루언서이자 핵심 고객이 될 수 있기 때문에 하나의 주요 고객층으로 잡았다.

미디어 홍보라고 하면 어디서부터 시작해야 할지 막연할 수 있다. 사실 미디어를 추상적인 집단으로 접근하면 어렵다. 대신 매체에서 근무하는 기자 한 사람을 떠올려보자. 내가 기자 입장이 되어서 어떤 기사를 쓰고 싶은지, 어떤 브랜드를 왜 다루고 싶은지, 기자가 속한 매체의 구독자들은 무엇을 궁금해하는지 고민한다면 기자 눈높이에서 그들이 궁금해하는 것이 무엇인지 파악할 수 있을 것이다.

패션 매거진 에디터들 또한 네트워크가 넓은 전문 집단이다. 직접 정보를 찾고 남보다 빨리 세련된 각으로 기사를 쓰고 싶어 하며 빨리 퇴근하고 싶은 직장인이라고 생각하면 쉽게 기사를 쓰고 호감을 갖게 만들 수 있을지 파악할 수 있다. 각자의 언론 매체에서 나와 취재하고 기사를 쓰는 기자들도 사람이고, 고객들과 비슷한 관심을 가지고 있는 사람이라고 생각하면 브랜드 홍보를 할 때 어떻게 미디어의 도움을 받을 수 있는지 시작점을 찾을 수 있다.

셀럽, 미디어, 인플루언서, 트렌드세터, 오피니언 리더, 얼리어댑터의 공통적인 속성은 파급력이 크다는 점이다. 한정된 예산으로 한정된 자원을 활용해서 마케팅을 해야 하는 마케터의 첫 시작 질문은 1차 집중 공략 대상이 어떤 집단이고 그들에게 어떤 방식으로 커뮤니케이션해야 하는지 먼저 정립하는 것이다.

그래서 미디어와 동일한 무게로 잡은 고객층이 바로 'SNS 트리거(Trigger)' 그룹이었다. 트리거라는 표현은 필자가 내부 보고를 위해 규정한 용어로, 방아쇠를 당긴다는 뜻에서 따와 트리거 집단으로 표현했다. 이 집단은 구매 방아쇠를 당기는 실질적인 고객 오피니언 리더라고 볼 수 있다. 이들은 방대한 정보를 수집하고 스스로 소화하며 개인 SNS에 새로운 컨텐츠를 쏟아내는 고객층이다.

SNS 트리거 그룹은 유행에 민감하게 움직이며 SNS에서 실질적인 정보를 소비하고 적극적으로 컨텐츠를 생산하는 20~30대 잠재 고객들이었다. 실제로 오픈 당일 몇 시간씩 줄을 서서 메뉴를 맛본 후 인스타그램을 비롯해 여러 SNS에 게시글을 올렸고, 브랜드 경험 과정을 영상으로 만들거나 자신의 채널에서 방송하기도 하는 등 트리거 그룹의 활약은 대단했다. 이렇게 세 축의 강력한 고객층은 메인 고객에 강력한 영향을 미쳐 쉐이크쉑 고객이 확장될 수 있었다.

이러한 타깃 고객층은 흰 종이나 화이트보드 위에서 막연히 동그라미를 그렸다 지우고 화살표를 이어가는 브레인스토밍을 통해 나온 것이다. 그리고 해당 그룹 이름을 규정한다. 브랜드마다, 지역마다, 목적과 상황에 따라 모두 다른 대상을 지정하는 것이라 꼭 경제학이나 마케팅 책을 보면서 공식 맞추듯이 쓸 필요는 없다. 관련된 사람들이 고객을 정확히 이해하고 공통된 목표를 잡을 수 있도록 고객 세분화 작업을 해야 의미 있는 것이다.

스노브에서
밴드웨건이 되기까지

필자가 처음 쉐이크쉑을 접한 것은 잡지사에 근무했던 2012년 뉴욕 패션위크 출장길에서였다. 그때 동행한 패션모델, 유명 패션 디자이너들과 함께 일주일 일정 중 하루를 비웠다. 그날 일정이 메디슨스퀘어 공원에 있는 유명한 버거집에 가서 버거를 먹고, 맨해튼의 오래된 철로를 도심 공원으로 바꾼 뉴욕 하이라인을 함께 걷는 일이었다. 바쁜 일정을 쪼개어 일부러 찾아가 줄을 기다려 사먹은 그곳이 쉐이크쉑이었다.

지금도 많은 여행객들이 뉴욕이나 해외 대도시를 방문하면 쉐이크쉑을 찾는다. 바쁜 여행일정 속에서 긴 줄 서는 것을 마다하지 않고 말이다. 그렇게 힘들게 시간을 들여 찾아가는 것은 브랜드의 유명세와 뛰어난 맛과 품질을 경험하고 싶은 마음과, 트렌디하면서도 착한 사회적 가치를 실천하는 브랜드를 응원하기 때문이다. 버거를 구매하는 과정에서 느끼는 세련된 인테리어와 브랜드의 유머러스한 코드들, 스태프들과의 즐거운 교류, 에너지가 느껴지는 매장 분위기는 감성적 가치를 충분히 만족시켜주었다. 다양한 목적과 가치를 추구하는 고객 그룹들 사이에서 유기적인 역학 관계가 발생하고, 서로 영향을 주면서 고객들이 전세계로 늘어났다.

대다수 초기 론칭 브랜드는 스노브에서 시작되어 헤도니스트를 거쳐 밴드웨건 단계로 확장된다. 반면 럭셔리 브랜드의 경우 고객은 대부분 베블런과 스노브 사이에 놓여 있다. 동일 제품에 대한 가격을 낮춰 시장 점유율을 높이겠다는 전략을 절대 구사하지 않는 이유다.

비쌀수록 갖고 싶은 베블런 효과

베블런 효과는 구매 수준이 높은 고객층이나 럭셔리 제품군과 관련된 소비 형태로 타인에게 과시하고 싶고 자신을 과장하고 싶은 심리를 뜻한다. 미국의 사회학자이자 사회평론가인 소스타인 베블런이 1899년 출간한 저서 《유한계급론》에서 "상층계급의 두드러진 소비는 사회적 지위를 과시하기 위하여 자각 없이 행해진다"고 말한 데서 유래한 개념이다. 고소득층 소비자들의 소비 형태로, 가격이 오르는데도 수요가 줄어들지 않고 오히려 증가하는 현상이다.

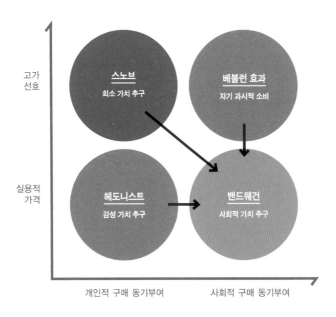

고가
선호

실용적
가격

스노브
희소 가치 추구

베블런 효과
자기 과시적 소비

헤도니스트
감성 가치 추구

밴드웨건
사회적 가치 추구

개인적 구매 동기부여   사회적 구매 동기부여

대다수 초기 론칭 브랜드는 스노브에서 시작되어 밴드웨건 단계로 확장된다. 반면 럭셔리 브랜드의 경우 고객은 대부분 베블런과 스노브 사이에 놓여 있다. 제품 가격을 낮춰 시장 점유율을 높이겠다는 전략을 절대 구사하지 않는 이유다.

난 남들과 좀 달라, 촉이 예민한 스노브

재화가 흔하지 않고 가격이 합리적이지 않을 때 오히려 구매 수요가 올라가는 경우가 간혹 있는데 이런 희소성 가치를 추구하는 현상을 일컬어 '스노브 효과'라고 한다. 마케팅 용어 중 하나인 스노브는 '속물(snob)'이라는 영어 단어에서 유래했다. 과거 영국에서 귀족이 아니면서 귀족인 체하는 속물을 뜻했던 말로, 현대 마케팅에서는 다른 사람과 구별되려고 값비싼 의상을 입는 등 자기 과시적인 사람을 일컫는다. 이들은 고가의 제품이나 구매가 까다로운 희소성 아이템에 대해 열광한다. 이들은 의도하지 않게 얼리어댑터가 되어 유행을 만들다 대세가 되는 순간 흥미를 잃고 다른 희소성 대상으로 옮겨가는 특징이 있다. 스노브 고객층의 더듬이 방향을 잘 보면 미래 트렌드 방향에 대한 힌트를 얻을 수 있다.

나를 기쁘게 하는 소비, 헤도니스트

최근 가성비에 이어 가심비라는 말도 등장했다. 가격과 성능 외에도 심리적 만족감과 감성이 중요하다는 말이다. 헤도니즘의 어원은 '기쁨' 또는 '쾌락'을 뜻하는 그리스어에서 유래했다고 한다. 마케팅에서는 상품의 상징적, 심미적 가치를 중시하는 사람들을 헤도니스트(hedonist)라고 부른다. 몇 시간 동안 차를 몰아 어렵게 맛집을 찾아가는 심리, 오래 대기하여 아이폰을 사는 심리와 맞닿아 있다. 비오템코리아에서는 2016년 모델 장윤주를 내세워 '헤도니스트' 마케팅 캠페인을 진행했다.

주 소비층은 적극적인 라이프스타일을 구가하고 감성적인 가치에 기꺼이 지갑을 여는 고객이다. 헤도니스트가 감성 가치에 중심을 두는 반면, 퍼펙셔니스트(완벽주의자)들은 품질 가치를 철저하게 따진다. 개인적인 구매 동기 요인을 갖고 있고 실용적인 가격을 추구한다는 점에서는 비슷하다.

요즘 이게 유행이라든데, 밴드웨건

어떤 식당에 긴 줄이 늘어서면 괜히 궁금해지고 나도 한번 가서 먹어보고 싶은 마음이 든다. 밴드웨건 효과는 예전 서부개척 시대에 흥이 나는 음악을 연주하며 마차를 끌고 가면 사람들이 뒤따라가던 모습처럼 유행을 따라 넓게 퍼져가는 대중 심리를 일컫는다. 지난 겨울 유행한 롱패딩 열풍이나 몇 년 전 품귀현상을 빚었던 허니버터칩 사례도 대표적인 밴드웨건 효과다.

프리미엄 브랜드의 종착지가 바로 이 단계다. 스노브나 헤도니스트를 시작으로 사회적 보편적 가치, 대중적 인지도를 높여 폭넓게 시장 점유율을 높이는 방향으로 자리잡는다면 그 프리미엄 브랜드는 성공한 것이다.

전날부터 줄 서서 기다린 첫 번째 손님

리본 커팅식을 마치자마자 나는 첫 번째 손님을 찾아갔다. 이미 줄을 서서 대기하는 동안 몇몇 매체에서 첫 번째 고객을 인터뷰하고 취재한 뒤였는데, 감사 선물을 보내드리기 위해 주소를 물어보고 언제부터 기다렸는지 물어보았다. 고마운 마음과 궁금한 마음이었다.

전날 밤 10시부터 줄을 섰다는 그는 경상북도 영천에서 올라온 당시 고등학교 3학년 남자 학생이었다. 언론에서 접해온 쉐이크쉑이 어떤 맛인지 궁금했고 제일 먼저 먹어보고 싶다는 생각에 전날 올라와 줄을 서서 기다렸다고 한다. 혼자 왔기 때문에 대신 줄을 번갈아 서줄 사람도 없었을 텐데 말이다.

숨가빴던 오픈식을 일단락하고 한숨 돌릴 여유가 생기자 나는 어디까지 줄을 섰는지 궁금하여 미국에서 온 마케팅 담당자와 함께 줄을 따라 걷기 시작했다. 강남대로 골목을 끼고 돌아서 줄이 길게 이어지다가, 중간에 차들이 다닐 수 있도록 줄을 끊었다가 다시 연결하고, 길을 건너 줄을 연결한 줄이 신논현역까지 이어졌다.

넉넉하게 준비해두었던 통제벨트는 이미 모자랐지만, 고객들은 안전 요원들의 안내에 따라 질서정연하게 줄을 잇고 끊고 차도를 확보하고 다시 연결하여 줄을 서고 있었다. 대략 눈으로 센 숫자만 1,500명 정도였고, 그날 강남대로 뒷골목은 쉐이크쉑 대기 고객들로 꽉 차 있었다. 당일 이용 고객은 햄버거 숫자로 추산해 보아도 3,500~4,000명 정도였다. 그리고 이렇게 시작된 줄 서기 열풍은 그해 뜨거운 여름 내내 계속 이어졌다. 4호점까지 오픈한 후 오픈 1주년을 기념하여 추산한 버거 판매 수량은 120만 개에 육박했다.

우산은 호스피털리티를 신고

오픈일은 7월 22일이었다. 한국에서 가장 더운 시기인 7월 말, 그것도 그늘 없는 강남 한복판에서 많은 사람들이 어떻게 지치지 않고 줄을 설 수 있을까가 우리의 고민이었다.

줄을 서 있는 해외 사례들도 많이 보았지만 숨이 턱턱 막히는 7월 땡볕에 고객들을 무작정 기다리게 하기엔 마음이 편치 않았다. 게다가 보행 공간도 넉넉지 않고 차와 사람들 사이의 여유로운 공간도 부족한 강남 골목에 고객들이 서 있어야 했다. 고객을 배려하고 케어하고자 하는 쉐이크쉑의 호스피털리티 문화를 장시간 대기하는 고객들에게 어떻게 풀어낼 수 있을까 생각하던 중 삼계탕집 우산이 생각났다.

당시 필자가 거주하던 경복궁역 근처에는 유명한 삼계탕집이 있었다. 국내 고객뿐 아니라 해외 관광객들의 발길도 이어졌고 복날 즈음에는 아침 개장 전부터 땡볕에도 줄을 서는 사람들이 많았다. 예전에 이 식당에서 긴 대기 시간 동안 햇볕을 피할 큰 골프 우산을 빌려주던 것이 생각났다. 여기에서 아이디어를 얻어 우산을 만들기로 했다. 마침 유관 부서 담당자가 일본에 출장을 다녀온 후 보여준 유명 베이커리의 오렌지색 우산을 보며 더 확신이 들었다.

문제는 우산 색깔이었다. 블랙을 주조색으로 사용하는 쉐이크쉑은 우산을 만든다면 블랙이어야 했다. 하지만 빛을 잘 흡수하고 더워 보이며 한국에서 검정색으로 줄지어 서면 상갓집처럼 보인다는 우려 등 여

러 의견을 검토해야 했다.

대안으로 제시한 연두색상은 미국 마케팅 담당자의 절대 반대로(브랜드 색상지침상) 어려웠고, 올 화이트 색상은 유지와 관리의 어려움으로 한국팀에서 난색을 표했다. 결국 시크하게 보이는 올 블랙 우산에 쉐이크쉑 연두색 로고를 심플하게 넣어 제작했다. 함께 일하던 마케팅 담당은 적은 수량에 만들기 까다로운 우산을 제작하기 위해서 고군분투했다.

그리고 당일 오전부터 줄을 서 있는 고객들에게 우리는 이 우산을 빌려주었고, 미리 준비한 시원한 생수와 아이스팩을 무료로 나누어줬다. 갑자기 한여름 소나기가 내려도 비를 맞지 않고 줄을 설 수 있었고, 연인들은 우산 하나를 같이 쓰며 다정하게 줄을 서기도 했다. 쉐이크쉑 매장 앞에 길게 늘어선 우산 행렬은 지나가는 사람들의 시선을 모았고, 그 줄에 동참하고 싶게 했다. 놀이동산에서 줄 서는 듯한 느낌을 주는 쉐이크쉑 줄 서기는 하나의 문화현상이 되었다.

이 우산은 미국에 전해져서 미국에서는 상품으로 개발해 판매하고 있다. 나중에도 줄을 서는 풍경은 계속 이어졌다. 햄버거를 먹기 위해서는 직원들도 똑같이 줄을 서서 기다렸는데 필자 역시 팀원들과 2시간 이상 줄을 서야 했다. 직원들도, 기자들도, 임원들도 그 어느 누구도 줄을 서는 데 예외가 없었다. 빼곡한 메뉴판을 보면서 이런 저런 알짜 정보를 교환하며 메뉴를 고르는 고객들의 호기심 가득한 모습과, 뜨거운 열기가 대형 선풍기 바람에 섞여 돌아갔던 그 한여름의 줄 서던 모습은 필자에게도 찐한 추억이다.

공공 미술이 된 공사가림막 이벤트, 호딩

쉐이크쉑이 한국에 들어올 예정이라는 공식 기사가 나가자마자, 주요 포털사이트 검색어 1위로 쉐이크쉑이 24시간 이상 떠 있었다. 언제 어디에서 오픈할지 쉐이크쉑을 기다리는 고객들에게는 초미의 관심사였고, 추측성 기사들이 올라오곤 했다.

　마케팅 담당자로서 한국 고객들과 만나는 첫인사를 어떤 방식으로 진행할지 많은 고민이 있었다. 공사 기간 동안 직접적인 오픈 일정을 알리는 광고판보다는, 자연스럽게 사람들의 발길을 끌어내고 이야깃거리가 될 만한 공사가림막 프로젝트를 기획하기로 했다.

　쉐이크쉑이 새로운 지역 사회에 들어설 때 가장 중요하게 여기는 것은, 그 지역 사람들에게 가장 편안하고 활기찬 커뮤니티 공간이 되길 바라는 것이었다. 호딩(Hoarding)이라고 불리는 공사가림막 설치물은 쉐이크쉑에게 친근한 티저광고(제품 출시 전 고객에게 호기심을 끌고 관심을 높이는 광고 전략) 같은 것이었다.

　해외에서 진행한 사례들은 다양했다. 예를 들어 쉐이크쉑이 필라델피아점이 들어설 때는 매장 뒤로 보이는 2층 건물의 빈 벽에 벽화를 그리기 시작했다. 시민들의 참여를 받아 함께 벽화를 그리며, 어두침침했던 빈 벽에 살아나는 벽화로 지역에 소소한 이야깃거리가 되었다. 소년이 긴 계단을 밟고 올라가 2층집 창문으로 소녀와 이야기하는 모습인데, 자세히 보면 작은 편지를 건네는 장면이 있어 지나가는 사람들의 상상력과 추억을 자극하곤 했다. 여기에 브랜드 이름이나 텍스트는 전혀 없었다.

　브루클린점이 오픈할 때는 공사가림막 전체 크기로 큰 흑판을 만들고, 위에 딱 하나의 문장을 써놓은 후 시민들이 자유롭게 글을 남길 수 있도록 분필을 마련해두었다. 문장은 "Before I die…(내가 죽기 전에)"였다. 시민들은 거리를 걷다 죽기 전에 하고 싶은 것들, 사랑하는 사람에게 남기고 싶은 말들을 자연스럽게 쓰고 남겼다.

쉐이크쉑 1호점은 수많은 답사와 오랜 검토 끝에 강남역 한복판으로 결정되었다. 마케터로서 고민은 어떻게 강남역의 특성과 고객들을 정서를 고려해 새로운 문화코드를 만들어내냐는 것이었다. 세계적으로 유명하다는 프리미엄 버거 브랜드가 오픈한다는데, 고객들에게 단순히 버거를 홍보하는 데서 그치는 것이 아니라 공사하는 기간 동안 새로운 문화 체험과 기대감을 주고, 브랜드를 전혀 모르는 일반 고객들도 즐겁게 즐기고 편하게 쉴 수 있는 공간을 만들고 싶었다. 해외 사례와 달리 고민해야 했던 점은 네온사인으로 가득차고 밤에도 수많은 차량과 보행 고객들이 있는 강남역에서 존재감을 살려야 한다는 점이었다.

지금의 30~40대에게는 강남역 뉴욕제과나 타워레코드 등이 만남의 장소였지만, 어느샌가부터 삭막해지고 복잡해져 있었다. 서울 교통의 허브이고 대중교통편이 뛰어난 이점으로 여전히 20~30대 젊은 고객들이 많이 찾고 차량 트래픽이 많은 곳이다. 하지만 이제 강남역 하면 약속하고 만나는 문화공간의 느낌은 사라지고 비싼 부동산 가격과 딱딱한 상업시설, 성형외과, 강남스타일과 같은 이미지가 먼저 생각나는 곳이 됐다. 이런 공간을 다시 따뜻한 만남의 장소로 재현하고 싶어 잡은 주제는 "밋업, 파워업(Meet up, Power up)"이었다. "우리 만나자, 우리 힘내자."

대형 목공 공사를 통해 'MEET UP, POWER UP' 글자를 입체적으

쉐이크쉑 1호점은 수많은 답사와 오랜 검토 끝에 강남역 한복판으로 결정되었다. 마케터로서 고민은 어떻게 강남역의 특성과 고객들을 정서를 고려해 새로운 문화코드를 만들어내느냐는 것이었다. 공사하는 기간 동안 새로운 문화 체험과 기대감을 주고, 브랜드를 전혀 모르는 일반 고객들도 즐겁게 즐기고 편하게 쉴 수 있는 공간을 만들고 싶었다.

로 제작해 도심 속 큰 벤치이자 그늘막이 될 수 있게 했다. 또 '파워업'은 핸드폰을 충전하라는 의미도 있었다. 그래서 핸드폰 기종별 충전기를 20개가량 설치하여 'MEET UP, POWER UP' 글자에 앉아 충전하면서 친구를 기다리거나 쉴 수 있도록 기획했다. 저녁에는 대형 아크릴판 뒤로 글자 전체에 조명을 넣어 쉐이크쉑을 연상하는 따뜻한 톤의 연두색 조명을 켜기로 했다.

당시 국내에서 공사 가림막은 현수막을 걸거나 건설 가벽에 그림을 그려넣는 정도로 대부분 평이하게 진행하는 편이었는데 이를 하나의 공공 미술 설치물로 만든 것이다. 프로젝트를 진행할 때 주의했던 점은 구조물이 살짝 튀어나와 설치가 가능한 사유지 영역과 설치가 불가능한 공공 인도 공간을 정확히 구분해야 하는 점이었다.

급할수록 돌아갈 수 있는 용기

웨이트 앤드 씨(Wait & See). 경제학 용어로도 자주 쓰인다. 상황을 예측하기 어렵거나 쉽게 단언할 수 없을 때 찬찬히 지켜보면서 적절한 타이밍을 잡아보자는 말이다. 정치 상황, 날씨, 사회 문제 등 외부의 이슈가 진행하던 일에 영향을 줄 때에는 아무리 급해도 지켜보고 때를 기다리는 수밖에 없다.

이렇게 모든 구조물 제작을 감독한 후 나는 신혼여행차 괌으로 떠났다. 신혼여행 기간 중간 정도에 설치될 예정이었는데 예상 밖의 사건이 일어났다. 강남역 묻지마 살인 사건이었다. 강남역 근처 화장실에서 한 남자가 아무 이유 없이 모르는 여자에게 상해를 입히고 목숨을 잃게 한 사건이었다. 개인적으로도 안타깝고 충격적인 사건이었는데, 사회적 파장도 무척 컸다. 이 사건에 분개하고 토로하는 여성을 비롯한 많은 시민들이 강남역에서 행진을 하고 이들의 목소리와 현장은 연일 매스컴에 보도되었다.

우리 역시 일정대로 움직이는 것도 중요하지만, 우리가 추구하는 메시지와 상반되는 사건이 강남역이라는 같은 연관 키워드로 도배되고 있는 상황에서는 설치 일정을 조정하는 것이 중요하다고 생각했다. 강남역을 검색했을 때 쉐이크쉑이 부정적인 사건과 섞여 나오는 것을 원치 않았기 때문이다.

설치물을 싣고 온 트럭을 다시 돌려보내야 했다. 한편 서울에서 우리 팀은 사회적 이슈로 인한 설치 연기에 대해 장문의 이메일을 작성하여 뉴욕으로 보냈고, 설치를 늦추는 것에 대해서 충분한 공감을 끌어내었다. 그 사이 5일간의 신혼여행을 끝내고 돌아온 나는 설치를 재개할 시점을 협의해 잡아야 했다.

일주일 정도 상황을 지켜보면서 일정을 2주 미뤘다. 대신 공사가림막 전시는 1달 반에서 1달 정도로 줄이기로 했다. 드디어 대망의 설치날이 되어 호딩을 설치하게 되었다. 거리를 지나가던 시민들은 자연스럽게 앉아서 친구들과 놀고 충전하면서 여기가 쉐이크쉑이라는 브랜드가 들어올 곳이라고 이야기하곤 했다.

햇빛이 뜨거운 낮에는 설치물 아래 그늘에 앉았고, 저녁에는 어두운 가운데 조명이 있어 캔맥주를 마시는 사람들도 있었다. 점점 택시 기사들도 '쉑쉑'이라는 브랜드 애칭으로 부르며, 그 장소가 바로 쉐이크쉑이라는 것을 인지하고 세워주기 시작했다.

진화하는 소비자,
인플루언서 마케팅

진앙지라는 말은 지진이 시작된 곳을 의미한다. 진앙지를 중심으로 삽시간에 퍼지는 현상을 빗대어 필자는 '브랜드 진앙지'라는 표현을 즐겨 쓰곤 한다.

플래그십스토어(브랜드의 성격과 이미지를 극대화한 매장), 체험관, 팝업스토어(홍보를 목적으로 한두 달 정도 짧은 기간 동안 운영하는 매장), 오픈 행사, 기자 간담회, 시식 행사, 고객을 초청해 각종 온·오프라인 이벤트를 진행하는 일은 소문의 진앙지를 만드는 작업과 같다. 물론 모든 것을 다 할 수도 있겠지만 한정된 예산과 인력, 시간으로 브랜드마다 달리 처한 상황에서 가장 강력한 진앙지를 선정하는 작업이 필요하다.

한국에 쉐이크쉑이 오픈한다는 기사가 뜨자 많은 사람들이 제일 궁금해한 것은 메뉴별 가격이 뉴욕 대비 얼마인지도 있었지만, 그중에서 가장 큰 이야깃거리는 맛이었다. 과연 뉴욕 본토의 맛과 동일하게 구현될 수 있는지, 국내에서 이른바 한국화 패치(해외 브랜드가 한국에 들어와 값이 오르거나 질이 떨어짐을 일컫는 용어)되지는 않을지, 국내 입맛에 맞게 염도를 조절하는지, 핵심 재료인 비프는 미국과 동일한 앵거스비프를 쓰는지, 도시마다 맛이 어떻게 다른지 등 한국에서도 미국의 쉐이크쉑 맛을 그대로 보여줄지에 대한 이야깃거리는 오픈하기 전부터 넘쳐났다.

쉐이크쉑 국내 오픈을 가장 기다린 사람들은 크게 두 부류였다. 첫

째는 뉴욕이나 다른 해외 쉐이크쉑을 방문해 이미 먹어본 사람들이었다. 두 번째는 유명세는 알고 있지만 아직 먹어보지 못한 사람들이다. 전자는 맛있었던 기억을 다시 소환하여 서울에서 다시 쉑버거(쉐이크쉑의 대표 메뉴)를 맛보기 위한 사람들이었고, 후자는 인지도나 명성을 익히 알고 있었지만 아직 먹어보지 못한 고객들, 나도 먹어보았노라고 맛에 대한 냉정한 검증을 해보고 싶었던 호기심 많은 고객들이었다.

요즘 고객들은 정말 많은 정보를 갖고 있다. 제품 스펙을 꼼꼼히 따질 수 있으며 업계의 속성과 서비스 플랫폼의 큰 틀을 이해하고 있다. 본인이 철저하게 검증하여 제품 리뷰를 거치고 그 과정을 유튜브 동영상으로 올리기도 한다. 가격 비교, 후기 비교뿐 아니라 제품이나 서비스의 장점을 알차게 누릴 꿀팁을 만들어 공유하기도 한다. 단순히 구매만 하던 소비자에서 적극적인 컨텐츠 생산자 및 영향력을 행사하는 전문 집단이 된 것이다.

이러한 고객들은 본인이 하나의 미디어가 되기도 한다. 유튜브 BJ로 유명세를 타면서 전문적인 직업이 된 유튜버도 많고, 블로그에서 시작해서 전문 패션 인플루언서가 된 사례들도 많다. 처음에는 덕질로 시작된 취미지만 이제는 브랜드가 모셔가야 하는 신뢰도 높은 전문가가 된 사람도 있다.

확실히 고객들의 구매 여정에 영향을 주는 요소들이 예전에 비해 다양해지고 전문적이며 실용적으로 바뀌었다. 기업이나 브랜드에서 막대한 예산을 들여 광고를 만들고 비싼 플랫폼에 메시지를 방대하게 실어 날라도 부정적인 제품 후기나 부도덕적인 기업 윤리나 경영 방식관련 뉴스들이 올라온다면 치명적일 수밖에 없다.

튀어야 산다, 진화하는 이벤트 초청장

행사 초청장은 고객을 초청하기 위한 것이지만 사실 1차 사전 홍보 목적이 크다. 행사 초청을 받은 인플루언서들이 본인 SNS에 초청장 이미지를 많이 올려줄수록 이벤트 홍보 효과가 크기 때문이다. 전통적인 종이 초청장부터 온라인으로 공유 가능한 E-DM형태까지 초청장의 형태도 늘어났지만 신경써서 하는 행사들의 공통점은 초청장이 물리적으로 눈에 띄고 기발하다는 것이다.

한국의 프리미엄 선글라스 브랜드인 젠틀몬스터가 영등포의 오래된 공장에서 컬렉션을 발표한다며 초청장을 보내왔다. 젠틀몬스터는 획기적인 선글라스 디자인과 마케팅으로 급성장하여 뉴욕까지 사업을 확장하며 화제를 일으켰다.

초청장은 카드 같은 편지가 아닌 큰 소포였는데 박스 안에는 동그란 접시 모양의 초청장과 쇠로 된 나이프와 포크가 마치 레스토랑 테이블 세팅처럼 놓여 있었다. 어떤 이가 받은 젠틀몬스터의 다른 행사 초청장에는 흰색 빅스와 쇠망치, 마스크 등이 들어 있었다고 한다. 동봉된 쇠망치로 박스를 직접 깨부숴야 초청장 내용을 볼 수 있는 것이다.

꼼데가르송의 한남동 리뉴얼 행사에서는 초청장으로 공사장에서 쓰는 안전모에 로고를 새겨 패션피플들에게 발송했다. 행사에 도착하니 공사장 안전모를 쓰고 흰색 안전복를 입은 남자 모델들이 핑거푸드와 맥주를 나눠주고 있었다. 얼마나 위트가 넘치는 브랜드 리뉴얼 초청장인지 아직도 그날의 기억이 생생하다.

초청장을 기획하는 데 있어 가장 주안점을 두는 것은 관심을 끌어야 한다는 것이다. 브랜드 아이덴티티와 잘 부합해야 하며, SNS에서 눈에 띄게 존재감을 보여야 한다. 또한 초청장의 기능을 마치더라도 계속 두고 쓰면서 다양한 목적이나 TPO에 맞게 활용할 수 있는 아이템이어야 한다. 그리고 마케팅에서 가장 중요한 비용 문제, 최저 비용으로 최대 효과를 노려야 한다.

필자가 참여하여 진행한 초청장은 여러 가지가 있는데 특히 아이들이 즐겨 노는 피젯스피너를 활용한 초청장이나 헤어반다나(머리띠)겸 면 스카프, 종이로 만들어 조립할 수 있는 크리스마스 트리 등의 반응이 좋았다. 헤어반다나의 경우 어린이나 어른 모두 사용할 수 있는 크기로 부드러운 20수 소재의 면으로 제작했다.

이 초청장을 받고 파티에 온 고객들은 머리에 묶어 귀엽게 연출하거나 팔에 묶기도 하고 재킷 행커치프로도 활용했다. 아이나 강아지에게 스카프처럼 매주기도 했고 가방에 묶어 연출하기도 했다. 행사 참석자들이 반다나 초청장을 적극 활용한 것은 물론 이런 사진들이 SNS에 많이 올라오면서, 행사와 오픈 관련 소식을 널리 홍보할 수 있었다.

일명 손가락 운동으로 불리며 유행하기 시작한 피젯스피너는 한번 돌리면 계속 돌아가는 장난감인데, 피젯스피너 가운데에 브랜드 로고를 새겨 초청장을 대신해 발송했다. 그리고 곧이어 브랜드 로고가 새겨진 피젯스피너를 돌리는 짧은 영상들이 소셜미디어에 올라오기 시작했다.

의외로 고양이들이 이 피젯스피너를 좋아하고 잘 돌리는 영상들이 많이 올라오면서, 당시 오픈 예정이었던 스타필드 고양점 사전 홍보 효과를 톡톡히 누렸다. 고양이가 고양시의 공식 동물이었는데, 마침 고양이가 스피너를 발로 끊임없이 돌리니 초청장에 새겨진 고양이 그림과 고양점 오픈이라는 내용이 맞아떨어져 많은 사람들이 '좋아요'를 듬뿍 눌러줬다.

RSVP는 "Répondez, S'il vous plaît"를 줄인 프랑스어로 "회답 주시기 바랍니다"라는 참석 가능 여부를 묻는 말이다. 프랑스는 물론 전세계적으로 흔하게 사용하는 관용 표현이다. 이 표현을 가장 많이 쓸 때는 사전 초청으로 진행되는 행사를 앞두면서다. 대부분 큰 파티나 행사는 홍보대행사와 함께 진행하며 홍보대행사에서 전문적으로 연락을 돌리지만 일부는 담당자가 직접 전화하여 참석 여부와 동행인이 몇 명인지 등을 확인하는 작업을 해야 한다. 보통 행사 전 열흘이나 일주일 전에 RSVP를 하여 참석하는 인원수와 핵심 인플루언서, 셀럽, VIP등의 참석 여부를 파악하는 것이 중요하다.

만약 참석률이 높다면 그에 맞는 충분한 행사 규모를 준비해야 하고 참석률이 낮다면 백업 작업이 들어가야 한다. 아울러 RSVP를 돌리면서 참석자들이 궁금해 하는 행사 관련 안내 사항을 알려주고 1차적으로 응대하는 과정을 거친다. 또 행사 시간과 프로그램, 혜택, 주차 지원 여부 등을 고지해야 한다. 특히 주류가 제공되는 행사의 경우 미성년자 출입을 제한하는 것을 고지해야 한다.

햄버거 집에 취직한 간호사와
열성 고객들

오픈 초반 몇 달간은 푹푹 찌는 여름 날씨에 대기 고객 중 가끔 어지러움을 호소하는 고객들이 있었다. 아무리 물과 우산을 나누어주어도 체력적으로 약한 고객의 경우 여름 햇빛 아래 한 시간 이상 버티지 못하는 경우도 가끔 있었다. 고객의 안전을 가장 중요하게 생각하는 사업팀에서 남자 간호사를 채용했다.

유니폼을 입은 남자 간호사는 외부 대기 고객들의 안색이나 상태를 지켜보면서 혹여 힘들어 보이는 고객에게 다가가 간단한 문진을 통해 상태를 체크했다. 여성의 경우 특히 약했는데, 상태에 따라 내부 휴식 공간으로 인도하여 잠시 쉬게 했다가 다시 줄을 설 수 있도록 배려했다. 동행 일행이 계속 줄을 서는 동안 잠깐이라도 시원하게 휴식을 취할 수 있도록 배려했다. 간혹 심각할 때에는 구급차를 불러 인근 응급실로 보낸 적도 있다고 한다.

흥미로운 것은 응급처치를 받고 한결 좋아진 고객이 다시 매장으로 돌아와 줄을 서서 버거를 먹었다는 것이다. 다른 고객과의 형평성을 고려해 따로 줄을 빼줄 수도 없는데, 다시 줄을 서겠다고 하니 여러모로 난감하면서도 고마운 현상이었다. 임산부의 경우 먼저 다가가서 동행이 줄 서는 동안 따로 앉아서 쉴 수 있도록 먼저 배려하고자 했다. 쉐이크쉑 전세계 사례에서도 간호사까지 동원되어 고객 대기줄 관리를 한 사례는 유일무이하다.

헝거 마케팅과 페스티벌 효과

이러한 현상을 두고 전문가들은 '헝거 마케팅'이라고 설명하기도 했다. 제한된 시간에 정해진 물량만을 판매하여 잠재 소비자들의 구매 심리를 촉진하는 마케팅 기법이다. 아무래도 하루 판매할 수 있는 버거량의 한계가 있고, 매장이 서울 중심으로 몇 군데에만 입점되어 있기 때문에 더욱더 수고로운 구매과정이 따를 수밖에 없었다. 쉐이크쉑을 먹기 위해 지방에서 오는 고객들도 많았고 추석과 설 명절, 방학이나 크리스마스 등에 서울에 와서 순례하고 가는 관광명소가 되기도 했다.

또한 이런 열풍을 '페스티벌 효과'라고 분석하는 매체도 있었다. 폭염 속에서 줄을 선 소비자들 대부분 짜증내기보다는 즐겁게 셀카를 찍고, 무료로 나눠주는 샘플링 음료로 목을 축이고, 우산을 쓰고, 부채를 부치면서 조금씩 줄어드는 줄을 마치 놀이처럼 즐기는 모습이 '자신이 즐겁다고 생각되면 불편하더라도 기꺼이 즐길 수 있는' 사회적 현상이라는 것이다.

개인적으로는 가장 인상 깊었던 장면은 사무실 출근길에 우연히 본 한 명의 고객이었다. 오전 8시도 안 된 이른 시간에 매장 앞 바닥에 양반다리로 앉아 책을 읽고 있던 긴 머리의 여성 고객이 생각난다. 언제인가부터 우리는 무엇을 하기 위해 한 시간 이상 가만히 기다리는 일이 없어졌고, 손에 든 핸드폰이 아닌 책을 읽으면서 막연히 시간을 보내는 것이 어색해졌다.

텅 빈 시간이 주어져도 우리의 의식은 짧고 소모적으로 소진된다. 스마트폰 속 넘쳐나는 연예 기사 가십들, 핸드폰 게임들, 웹툰, 포털 사이트에서 쏟아지는 과도한 정보들을 공기처럼 접하며 살고 있다. 벤치에 앉아 책 한 권을 오래 잡고 읽어내려가기가 쉽지 않아진 요즘에, 다소 불편하지만 아날로그적인 쉐이크쉑의 옛날 감성이 국내 고객에도 통한 걸까 하는 생각이 들었다.

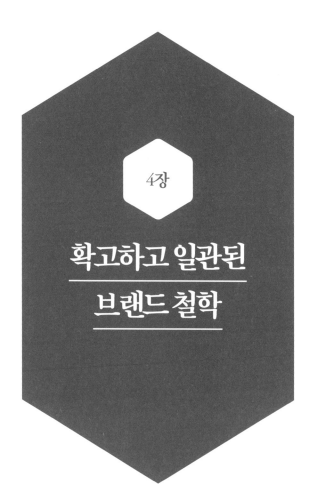

4장

확고하고 일관된
브랜드 철학

나와 전혀 관련 없고, 나에 대한 기초 지식이 없는 사람이라고 해도 내가 SNS에 올린 이미지를 몇 개 보여준다면 대략 어떤 톤의 삶을 지향하고 싶어 하고 어떤 것을 좋아하는지, 어떤 이미지를 사람들에게 보여지기를 원하는지 알 수 있을 것이다.

　　입고 있는 옷 스타일, 방문하는 레스토랑, 구매하는 제품들, 열광하는 대상이나 주제 등이 사진과 해시태그에서 어렴풋이 읽혀진다. 수많은 브랜드와 소비재 중에서 하필 그 브랜드를 구매하는 것은 나의 취향과 선택이 반영된 결과다.

한두 가지의 예라면 어렵겠지만 한 사람이 현재 소비하고 있는 제품을 다 뜯어보면 그 사람의 현재 라이프스타일을 판단할 수 있다. 자주 가는 쇼핑몰이나 살고 있는 아파트, 자동차, 노트북, 옷, 신발, 치약, 가구, 커피, 편의점, 휴대폰 등이나 무형의 서비스들을 이용할 때는 오롯이 나 혼자 결정해 선택한 것도 있겠지만 대부분은 가까운 가족 구성원, 친구, 지인들의 선택에 영향을 받아 구매한 것이다.

제작 원가를 공개하는 파격적인 투명성
에버레인

사람들은 스스로 생각하는 자신의 이미지와 잘 맞는 브랜드를 선호한다고 한다. 〈자기 표현과 추구하는 라이프스타일을 보여주는 수단으로서의 브랜드(*Brands as a Mean of Consumer Self-expression and Desired Personal Lifestyle*)〉라는 마케팅 논문 내용을 소개하면 이렇다. 소비자들은 1차적으로 자신의 이미지와 잘 맞는 브랜드, 본인만의 라이프스타일을 남다르게 표현할 수 있는 브랜드를 선택하지만, 궁극적으로 추구하는 미래상에 걸맞는 브랜드를 선호한다고 한다.

이에 따르면 타깃 소비자층을 구분하여 마케팅할 때 현재는 그렇지 않지만 지향하고자 하는 라이프스타일을 건드려주는 것이 좋은 세일즈 포인트가 되는 것이다.

"항상 왜냐고 질문하세요(Always ask why)."

국내 굴지의 패션브랜드를 2대에 걸쳐 운영하고 있는 친한 동생을 통해 5년 전쯤 에버레인이라는 미국 패션브랜드를 알게 되었다. 2011년 샌프란시스코에서 스타트업으로 시작해 파격적인 가격 공개 비즈니스 모델로 패션 업계에 돌풍을 일으킨 신생 의류 브랜드다. 에버레인은 경쟁사인 제이크루나 자라, 유니클로 등 글로벌 SPA 브랜드와 차별화하기 위해 급진적인 가격 투명성을 강력한 마케팅 무기로 삼았다.

제품 하나하나 모든 단계에서 실제 원가를 다 공개하며 영리하게 미디어의 주목을 끌어내고 고객과 소통하고 있다. 온라인숍을 중심으로 제품을 판매하는 에버레인은 디지털 미디어에 밝고 특히 삶에서 윤리적인 가치를 중요하게 여기는 밀레니얼 세대(미국에서 1982~2000년 사이에 태어난 세대를 일컫는 단어)들의 호응을 끌어내었다. 상장되지 않은 기업이라 정확한 매출은 알 수 없지만 2016년 기준 기업가치는 2억 5,000만 달러(한화 약 2,725억 원) 정도로 추정된다고 한다.

에버레인 온라인몰에 가서 청바지 제품을 선택하면 디자인, 소재, 사이즈, 모델 핏, 고객 후기 등을 볼 수 있는데 여기까지는 다른 쇼핑몰과 비슷하다. 하지만 에버레인은 항상 제품 상세보기 하단에 '투명한 가격'이라는 정보가 따라 붙는다.

CNBC의 '매드머니' 방송에 에버레인의 창업자 마이클 프레이스먼이 출연했다. 그가 에버레인을 창업한 배경은 50달러(약 5만 5,000원)짜리 티셔츠의 원가가 7.5달러(약 8,000원)라는 것을 알게 되면서 거품이 낀 유

에버레인은 샌프란시스코에서 스타트업으로 시작해 파격적인 가격 공개 비즈니스 모델 하나로 패션업계에 돌풍을 일으킨 신생 의류 브랜드다. 에버레인은 제이크루나 자라, 유니클로 등 글로벌 SPA 브랜드와 차별화하기 위해 급진적인 가격 투명성을 강력한 마케팅 무기로 삼았다.

통 구조를 소비자 중심으로 바꾸고 싶었다고 한다. 고객들은 자신이 구매하는 제품이 어떻게, 얼마만큼의 비용을 들여 만들어졌는지 알 권리가 있다는 것이다.

　필자가 사이트에 들어가 제품을 하나 골라보았다. 보이프렌드핏 청바지라는 제품을 68달러에 판매하고 있는데 원단 및 재료비는 13.65달러, 지퍼 등 부자재 액세서리 2.15달러, 공임 인건비 7.83달러, 세금 등 3.9달러, 운송비 1.9달러 총 29달러의 원가가 공개되어 있다. 이 제품을 에버레인에서 68달러에 판매하고, 일반적인 판매가는 145달러라고 소개되어 있다.

간결하고 심플한 디자인의 의류와 가방, 신발, 액세서리 등을 제작하여 판매하고 있는 에버레인의 성공 요인은 투명한 정보를 고객에게 모두 쥐어주고 제작 과정과 관련된 스토리를 충분히 전달하여 고객이 합리적인 선택을 할 수 있도록 했다는 것이다.

대개는 어떤 나라에서 어떤 소재를 가지고 만들었는지 정도만 소개된다. 그러나 에버레인은 어느 공장에서 생산했고 노동자들이 어떤 환경에서 근무하는지, 각 공정별 실제 가격은 어떻게 책정되고 있는지, 판매 회사의 마진은 얼마인지 재고관리코드(SKU)별로 상세하게 공개하고 있다.

제품 철학이 좋아서
너에게도 소개하고 싶어

에버레인의 투명한 가격 정책과 구체적인 가격들이 일반 고객들에게 쉽게 전달된 것은 쉬운 도형으로 구성된 인포그래픽 디자인도 한몫했다. 모든 제품 하단에는 손쉽게 인포그래픽으로 해당 제품의 원단부터 부자재 가격, 제조 공정별 실제 가격과 운송비, 에버레인의 마진까지 표시하여 보여주었다. 물론 경쟁사들의 일반적인 소매 가격은 자사 모델의 2배가 넘는다는 사실까지 영리하게 강조하면서 말이다. 이런 비즈니스 모델이 전세계적으로 호응을 끌어내자 에버레인은 아예 본사와 공장을 투어하는 프로그램도 만들었다.

게다가 원가가 내려가면 소비자 판매가를 다시 낮추기도 한다. 2012년부터 125달러에 팔았던 캐시미어 스웨터의 경우, 지난해 캐시미어 가격이 16퍼센트 하락하자 이를 반영해 100달러로 가격을 낮췄다. 에버레인은 회원들에게 보낸 메일에서 이렇게 밝혔다. "기업들은 원자재값이 오르면 제품값을 올리지만, 원자재값이 떨어졌을 때는 제품값을 내리지 않는다. 이는 정직하지 못한 것이다"라며 가격 인하에 대한 홍보도 진행했다.

또 주로 온라인에서 판매가 이루어지니 전세계 고객들을 대상으로 판매할 수 있는데 마케팅 또한 온라인 SNS와 이메일 등을 기반으로 한다. 고객이 친구에게 추천하여 친구가 제품을 구매하게 되면 소개한 회원에게 현금 25달러를 지급한다.

고객들은 25달러라는 금액 때문이 아니라 이렇게 정직하고 합리적인 가격대의 제품, 윤리적으로 올바르게 생산되는 제품을 지인에게 소개함으로써 스스로가 지향하는 가치에 대해서 알릴 수 있다. 좋은 취지로 운영하는 브랜드를 주위 사람들에게 소개하고 싶어 하는 소비자들이 많다는 것도 에버레인의 특징이다. 그래서 유튜브, 페이스북, 인스타그램 등에는 에버레인 제품에 대한 리뷰들이 넘쳐난다.

세상에서 가장 깨끗한 청바지 공장

앞에서 고른 청바지에 대한 가격 비교를 보고 나니 온라인 하단에 세상에서 가장 깨끗한 청바지 공장이라는 배너가 보인다. 클릭하면 이 청바지는 베트남의 사이텍스라는 공장에서 생산되는데 98퍼센트의 재활용수를 사용하고, 일반적으로 청바지 공장에서 청바지 하나를 만들기 위해 1500리터 물을 사용하는 반면 여기에서는 재활용을 통해 단 400밀리리터의 물만 쓴다고 한다. 500밀리리터 우유 한 팩보다 적은 양이다. 5단계 여과프로세서를 통해 물을 재활용하는 시스템 덕분이라고 소개한다. 심지어 재활용된 물을 투명한 컵에 바로 받아 공장 직원이 마시는 장면까지 영상으로 보여준다.

베트남 남부 비엔호아에 위치한 이 청바지 공장은 태양열과 같은 재생에너지를 사용하여 전력 소비를 줄이고, 이산화탄소 배출을 80퍼센트 가까이 줄였다고 한다. 이외에도 이탈리아 구두 장인들의 에버레인 신발 제작 과정 이야기, 2대째 가족이 운영하고 있는 페루 리마의 티셔츠 공장 이야기, 공장이 위치한 곳의 온도와 시간, 직원 현황까지 보여준다. 공장을 발굴하게 된 계기와 소재를 활용해 스토리텔링으로 풀어내고 있는 것이다. 이렇게 #knowyourfactory라는 캠페인과 함께 에버레인의 정직한 기업 윤리와 생산 공정을 어필하고 있다.

사실 다른 경쟁브랜드도 각자 노력을 하고 있다. 스페인의 SPA브랜드 자라는 모기업 인디텍스 사이트에 매년 기업 보고서를 공개하고 모

든 유관 협력업체가 글로벌 행동규범(Vendor Code of Conduct)을 잘 지키는지 감사결과를 매년 공개하고 있다. 유니클로는 한발 더 나아가 감사과정에서 협력업체가 규정을 못지킨 것을 발견하게 되면 이에 대해 어떻게 개선 조치를 취했는지까지 정보를 공개하며 기업의 사회적 책임(CSR)을 준수하고자 노력한다.

차이는 이를 마케팅 스토리로 사용하지 않고 있는 것이다. 누군가는 기업 스토리로 풀어내 마케팅 툴로 활용하고 누군가는 다른 것에 더 집중하고 있다. 결국 브랜딩도 무엇을 선택하고 더 강조하는가, 선택과 집중의 문제다.

사지 말고 수선해서 다시 입으세요, 파타고니아의 코즈 마케팅

코즈 마케팅(Cause Related Marketing)은 기업 철학과

신념을 마케팅 캠페인으로 연계하여 진행하는 방식이다. 스니커즈 신발 브랜드 탐스(TOMS)가 유명한 코즈 마케팅 사례다. 신발 한 켤레를 사면 같은 신발 한 켤레를 맨발의 어린이에게 기부하는 이른바 원포원(One For One) 프로그램은, '#신발없는하루' 해시태그로 신발 없이 생활하는 아프리카 아이의 사진을 찍어 올리며 다른 나라 어딘가에 신발 없는 아이들을 생각하자는 캠페인이다. 탐스를 유명하게 만들어준 성공적인 마케팅 사례다.

코즈 마케팅을 잘하는 브랜드로 필자는 아웃도어 브랜드 파타고니아를 지켜보고 있었다. 아웃도어 옷을 사러 가면 개인적으로 파타고니아의 색감이 눈에 띄어 자꾸 손이 간다. 하지만 확실히 가격대가 있다. 파타고니아는 2011년 블랙프라이데이에 "이 옷을 사지 마세요(Don't buy this jacket)"라는 광고를 실었다. 미친듯이 팔아도 부족한 블랙프라이데이 시즌에 자기네 옷을 사지 말라고 광고를 하는 브랜드라니.

"사실 제대로 보면 진짜 친환경 제품은 없습니다. 우리가 물건을 생산하고 소비하는 것 자체가 지구에 해를 끼치는 일입니다. 우리는 적게 쓰고 지속적으로 쓸 수 있도록 노력합니다."

파타고니아의 창업자 이본 쉬나드의 말이자, 파타고니아의 자연과 환경보호에 대한 기업 철학이다. 파타고니아는 버려진 플라스틱 병을 녹여 실을 뽑아 친환경 신소재를 개발해 폴리에스테르 옷감을 만들었다. 또 버려진 옷에서도 다시 실을 뽑아 새 옷을 만들어 팔고 있다.

옷을 생산하는 과정에서 최소한의 화학제품을 쓰고, 모든 목화 생

"사실 제대로 보면 진짜 친환경 제품은 없습니다. 우리가 물건을 생산하고 소비하는 것 자체가 지구에 해를 끼치는 일입니다. 우리는 적게 쓰고 지속적으로 쓸 수 있도록 노력합니다."

산 과정에서 농약을 사용하지 않는다. 이에 그치지 않고 오래 입어 낡은 옷도 수선해서 다시 입자는 "원웨어(worn wear), 고쳐서 오래오래 입으세요" 캠페인을 오랫동안 진행하고 있다. 파타고니아 회원은 수선 서비스 일정에 맞춰 브랜드에 상관없이 매장에 아웃도어 옷을 가져가면 무료로 수선해준다고 한다.

파타코니아가 운영하는 원웨어(wornwear) 인스타그램에는 해진 옷에 천을 덧대어 꿰맨 오래된 재킷 사진들이 종종 올라온다. 그중 인상적인 사진은 어릴 때 아빠가 캠핑장에 갈 때마다 입던 플리스 재킷을 아들이 물려받아 새옷처럼 입고 있는 사진이다. 그리고 어떤 사진은 아빠 등에 입혀 있던 아기가 커서 보낸 사진이다. 자신이 아기였을 때 아버지가 입던 주황색 플리스를 자신이 입고 아빠가 그랬던 것처럼 재킷을 코디해 입고 있는 사진이다. 이렇게 오랜 시간에 걸쳐 지속되고 있는 파타고니아의 기업 철학은 세대를 아울러 마니아층을 만들었고, 타 브랜드와 차별화되는 강력한 마케팅 스토리로 작용했다.

한 와이셔츠 부티크 대표의 사과문

담백함과 솔직함은 한껏 과장되고 포장된 이미지들 속에서 오히려 빛을 발한다.

패션 잡지에 자주 소개되는 유명한 인플루언서이기도 한 안은진 메종스테디스테이트 대표는 와이셔츠를 맞춤 제작하는 부티크를 운영 중이다. 고급 수입원단으로 섬세하게 와이셔츠를 짓기 때문에 완성도 측면에서는 기성복과 비교할 수 없다. 얼마 전 그가 운영하는 비스포크 와이셔츠 브랜드 제품에서 묻어난 빨간색펜 자국 관련 사과 내용이 페이스북과 인스타그램에 올라왔다.

저번 주 택배로 발송되었던 흰옷들에서 빨간 펜 자국이 발견되었습니다. 먼저 놀라셨을 고객님들께 죄송하다는 말씀을 드리려고 합니다. 작업 중 일제 유니볼사의 펜을 사용해서 단춧구멍의 위치를 잡을 때 혹은 주머니 위치를 체크하였습니다. 이 펜은 다른 초크들처럼 세탁 후 온전히 없어지고 다림질 후에는 보이지 않기 때문에 실밥 정리 후 발송합니다.

저희가 제품을 완성하고 다림질 후에는 발견되지 않았지만, 지난주 영하 16도로 온도가 내려가면서 택배 운송 과정 중 추운 곳에 오래 있다 보니 이 펜의 색상이 다시 올라왔습니다. 혹시 발견하시고 너무 놀라서 아직 연락을 주시지 못한 고객님들이 계신다면 아래 전화번호로 연락해주시면 처리해드리도록 하겠습니다. 또한, 이후에도 제품 완성 후 세탁을 원하는 고객님들께는 상품 세탁을 해서 발송해드리도록 하겠습니다.

친절하고 솔직한 사과문과 함께 올라온 영상에는 펜의 이미지와 문제가 된 빨간색 펜 자국이 연하게 보이는 와이셔츠 위에 다리미가 지나가자마자 바로 펜자국이 없어지는 모습을 볼 수 있었다. 덕분에 나는 이 펜과 옷을 제작하는 과정의 비하인드 스토리를 알게 되었다.

정말 매서운 한파의 연속이었던 지난 겨울에는 이렇게 예상하지 못했던 일들이 충분히 일어났을 수도 있겠다는 생각이 절로 들었다. 항의하는 해당 고객들에게만 따로 연락을 취하고 조용히 A/S를 진행해도 되었을 테지만 공개적으로 포스팅을 올린 제스처는 잠재 고객들에게도 긍정적인 브랜드 이미지를 만들어준다. 셔츠를 맞추게 된다면 여기서 꼭 해야겠다는 마음이 들었으니 말이다.

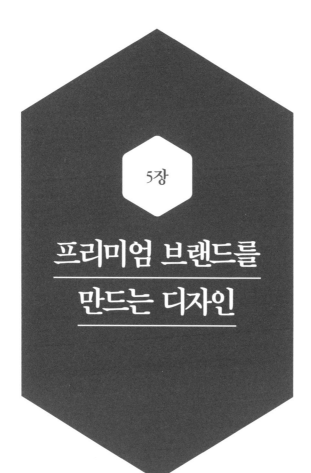

5장

프리미엄 브랜드를
만드는 디자인

개인적으로 인테리어에 관심이 많아서 정보를 수집하고 발품 파는 과정을 즐기는 편이다. 필자는 결혼 전 신혼집을 꾸미기 위해 가구 거리를 돌아다니며 거실에 놓을 긴 테이블과 의자를 보러 다녔다. 가구 거리 매장마다 전시해놓은 모던하고 절제된 라인의 투명 플라스틱 의자가 계속 눈에 들어왔다. 청담동 레스토랑이나 미용실에서 봐왔던 의자였다. 프랑스 산업 디자이너 필립 스탁이 이탈리아 가구 브랜드 카르텔과 협업하여 만든 루이고스트 의자의 모조품이었다.

플라스틱으로
프리미엄 가구 시장을 점령한 카르텔

처음으로 프리미엄이 된 플라스틱이 있다. 바로 이탈리아 가구 브랜드 카르텔(Kartell)의 이야기다. 루이고스트 의자는 프랑스의 루이 15세 시기에 유행하던 신고전주의 조류를 반투명 폴리카보네이트 소재로 재해석한 것이라고 한다. 육안으로 꼼꼼히 비교해보면 진품과 차이를 느낄 수 있겠지만 플라스틱은 복제가 쉽다. 처음이 어렵지 따라하는 것은 무척 쉽다. 그렇다면 플라스틱 의자가 어떻게 전세계에 모조품이 넘쳐나도록 인기 있는 의자가 되었을까? 핵심은 소재의 파격성을 완성시켜준 화학전문 회사들과의 협력과 팝아트 디자인을 간결한 이미지로 끌어올려준 외부 디자이너와의 협업이었다.

1960년대 처음 카르텔이 플라스틱이라는 소재로 가구를 만들겠다는 행보는 한마디로 미친짓이었다고 한다. 책《이탈리아 브랜드철학》에 따르면 이탈리아 가구브랜드 카르텔을 창립한 줄리오 카스텔리는 노벨상을 수상한 화학자 줄리오 나타 밑에서 훈련받은 화학 엔지니어였다고 한다. 초기에 자동차 액세서리와 스키용품 등을 만들어 팔다가 점차 그릇, 생활용품, 가구 등으로 옮겨갔다. 당시 깨지기 쉬운 도기 그릇과 철양동이 같은 무거운 용품을 쓰던 상황에서 가볍고 색상도 독특한 플라스틱 제품이 나오자 큰 인기를 끌었다.

이 성공을 발판으로 1963년 카스텔리는 테이블과 서랍장 같은 가

처음 카르텔이 플라스틱이라는 소재로 가구를 만들겠다는 행보는 한마디로 미친짓이었다. 그러나 산업디자이너 필립 스탁과 손잡은 이후 루이고스트 의자는 세계에서 가장 많이 팔린 가구로 기록되었다.

구를 플라스틱으로 만들어 팔기 시작한다. 그러나 감각적인 디자인의 플라스틱 가구는 당시 고전적인 디자인이 대세였던 보수적인 이탈리아나 유럽 지역에서 받아들이기 어려운 분위기였다. 그래서 유럽 대신 과감하게 미국으로 눈을 돌려 뉴욕 소호거리에서 첫선을 보인다. 젊고 모던한 분위기와 팝아트가 유행인 뉴욕에서 더 먹힐 것이라는 촉이 맞아떨어졌다. 그렇게 이탈리아 브랜드이지만 뉴욕에서 먼저 성공을 거두고 유럽에서 성공을 이어갔다. 그러나 플라스틱이라는 것이 따라하기 쉽다 보니 어느새 저가 모조품이 판을 치게 되고 다시 경영난에 빠지고 만다.

　이에 대한 카르텔의 결심은 플라스틱 가구의 명품화였다. 그간 여러 플라스틱 소재를 연구했던 자산을 기반으로 디자인 완성도를 명품 수준으로 끌어올리기로 했다. 그리하여 프랑스 산업 디자이너, 필립 스탁을 찾아갔다. 바로코 양식에서 영감을 받아 디자인한 투명한 루이고스트 의자는 보일 듯 말 듯한 실루엣과 파격적인 시도로 카르텔을 명품 가구 브랜드 반열에 올려놓았다. 그리고 루이고스트 의자는 세계에서 가장 많이 팔린 가구로 기록되었다.

월간 〈디자인〉에서 진행한 카스텔리의 사위이자 현재 대표인 클라우디오 루티와의 인터뷰 기사에서 그는 아직도 필립 스탁을 만나 오랜 시간 동안 디자인을 논의한다고 밝혔다. 디자이너가 갖고 있는 혁신적인 아이디어와 예술적인 디자인을 상용 제품으로 만들기까지 회사에서 투자하는 시간과 개발 비용은 엄청나다고 한다. 타임리스 디자인 작품이 출시되기까지 아이디어 단계에서 최종 생산 직전까지 사장되는 디자인과 시제품이 무수히 많기 때문이다.

길게 투자하기 위해서는 브랜드의 뚝심과 철학이 있어야 하며, 디자이너의 세계를 존중하고 기다려줄 수 있는 신뢰가 있어야 한다. 그리하여 1949년에 설립된 카르텔은 아직까지도 자체 공장이 없다고 한다. 디자인에 집중하겠다는 것이다. 그간 카르텔이 함께한 40여 명의 디자이너들의 작품을 한국 디뮤지엄 '플라스틱 판타스틱'전에서 전시하기도 했다.

"가구 하나를 만드는 데 1~2년이 걸립니다. 굉장히 많은 아이디어에서 출발해 이를 발전시키는 데 오랜 시간이 걸립니다. 처음이 힘들고 있는 것을 똑같이 만드는 것은 쉽죠."

| **클라우디오 루티**, 카르텔 대표, 〈중앙일보〉 2017년 9월 14일 인터뷰 중.

포장마차, 편의점이나 일상 속에서 흔히 볼 수 있는 국민 플라스틱 원형의자를 누구나 알 것이다. 이 파란색, 빨간색 원형 의자에 이름이 있었나? 싸게는 3,240원부터 판매되는 이 의자는 업소용 플라스틱 의자, 야외 의자, 간의 의자 등의 이름으로 불리지만 뚜렷한 브랜드 이름은 없는 것 같다. 그런데 만약 여기에 누군가 이름을 붙이고 예술적 감각과 위트를 불어넣고 색상을 세련되게 뽑고 유통 채널을 잘 기획한다면 이 또한 브랜드가 될 수 있을 것이다.

프리미엄은 일상에서 쉽게 보고 접하는 물건에 하나의 차이를 만들어 업그레이드하는 과정이다. 익숙하지만 뭔가 다른 가치를 부여하는 것이다. 아마도 그건 나도 하겠다고 생각하겠지만 브랜드를 만드는 것은 누가 어떻게 기획하고 먼저 실천에 옮겨 실행하는가다.

초프리미엄 가전을 위한
LG전자와 톨스텐 밸루어의 협업

얼마 전 LG전자는 지난 2016년 라스베이거스에서

열린 'CES 2017' 기자 간담회에서 2019년까지 미국에 세탁기 공장을 건설하기로 발표했다.

군이 인건비가 비싼 미국에서 공장을 설립하는 것은 미국 시장을 휩쓸고 있는 한국 브랜드로부터 미국의 월풀과 같은 자국 브랜드를 보호하기 위한 트럼프 대통령의 직접적인 액션에 답하는 것이었다. 예전 일본 자동차 기업들이 미국의 보호주의 정책에 적극적으로 대응하기 위해 미국 내 일본 자동차 공장을 세워 미국 고용 확대에 노력을 기한 것과 같은 맥락이다. 한국 브랜드가 세계적으로 견제의 대상이 된다는 것은 상대가 얄밉기도 하지만 한편으로 자부심이 생겨나는 부분이다.

필자는 2008년에 2달간 MBA 인턴으로 LG전자 모바일사업부 글로벌마케팅팀에 소속되어 스마트폰 프로젝트 관련 일을 한 적이 있다. 당시에 옆 팀에서는 유럽 및 해외 시장에서 좋은 반응을 얻고 있었던 프라다폰의 광고 제작물들을 만들고 리텐션 커뮤니케이션(한 번 구매한 고객을 재구매하게 하여 단골을 확보하는 일) 전략을 짜고 있었다.

당시 LG전자가 프라다와 협업하여 만든 프라다폰은 기존의 디스플레이 화소 및 기능 위주의 핸드폰 경쟁에서 벗어나 럭셔리 브랜드와의 디자인 협업을 통해 소장 가치를 높인 핸드폰이었다. 그리고 이런 꾸준한 시도들과 금성 시절부터 쌓아온 기술력을 결합해 LG전자는 최근 시그니처를 출시했다.

LG전자 디자인센터는 외부 자문단과 협업하여 시그니처 디자인을 완성했다. 국내 최정예 디자이너팀을 구축하고, 덴마크의 명품 스피커

브랜드 뱅앤올룹슨의 전담 디자이너 출신이자 LG전자 전문 자문단인 톨스텐 밸루어가 디자이너 수장이 되어 협업을 진두지휘했다.

톨스텐 밸루어는 '최고의 선물을 받았을 때와 같은 기분'이 들 수 있도록 감동적인 경험을 디자인으로 풀어내려 했다고 한다. LG전자 홍보 영상으로 소개된 톨스텐 밸루어의 인터뷰 내용과 노창호 LG디자인 센터장의 인터뷰 기사를 종합해보면 이번 시그니처 디자인에서 가장 염두에 둔 사항은 '본질'이었다.

복잡한 선을 모두 없애고 최대한 제품의 본질과 핵심에 집중한 것이다. 본질을 강조해 핵심적인 기능과 편의를 극대화할 수 있도록 디자인했다. 순수성을 살린 심플한 디자인은 제품을 직관적으로 사용할 수 있으며 오랜 시간 질리지 않고 견고한 이미지를 유지한다.

냉장고에 발을 대면 문이 열리는 기능은 포드 자동차에서 힌트를 얻어 적용한 것이다. 그리고 스마트폰에서 쓰던 노크온 기능을 냉장고에 접목하여 문을 열지 않고 두드리기만 해도 쉽게 냉장고 안 내용물을 확인할 수 있도록 했다.

아울러 밤에 냉장고 문을 열었을 때 지나치게 눈부신 느낌을 없애기 위해 선반 조명 기능을 추가한 섬세함은 한끗 차이를 만들기 위한 부단한 노력의 일환이다. 세밀하고 섬세하게 소비자 경험의 차이를 만들어내는 것이 바로 프리미엄 가치를 느끼게 하는 요소이기 때문이다. 없어도 되는 기능이지만 있으면 감동받을 수 있는 기능적 차이를 위해 오랜 시간 투자와 연구를 아끼지 않았다.

가전제품은 절대적인 본령은 고장 없이 질리지 않고 오래 쓸 수 있어야 한다는 것이다. 하여 오래 사용해도 질리지 않을 화이트와 블랙, 메탈 소재를 적용했다. 견고한 소재를 사용하여 외부 이물과 오염, 스크래치를 줄였다고 한다. 그렇게 최대한 자연에 가까운 고급스럽고 심플한 디자인으로 유행을 타지 않는 타임리스 가치를 만들어냈다. 장식을 걷어내고 마치 알몸처럼 살아남은 마지막 선이야말로 최고의 디자인 미학을 구현한 가치였다.

초콜릿 포장이 작품이 된
매스트브라더스 초콜릿

필자는 2017년 뉴욕 브루클린에 있는 매스트브라더스의 작은 플래그십스토어에 방문했다. 느슨하지만 아트 전시물처럼

매스트브라더스의 크리에이티브 디렉터 네이션 위켄틴은 빈티지 스타일의 남성복과 가죽 재킷 등을 디자인한 패션 디자이너다. 초콜릿 포장지 하나를 디자인하기 위해 수많은 아트 작품과 갤러리, 건축물을 참고하고, 세라믹 디자인, 패브릭 디자인 등을 벤치마킹하여 매스트브라더스의 시그니처가 된 기하학 패턴의 고급스러운 포장지를 만들었다고 한다. 흡사 대리석이나 벽지를 연상시키는 기하학적인 무채색 계열의 포장지부터 꽃을 모티브로 한 화려한 포장지까지 디자인은 다양하다.

시크하게 진열돼 있는 각양각색의 초콜릿을 보면서 카메라 셔터를 누르지 않을 수 없었다. 그리고 어떤 디자인과 맛을 고를지 한참이나 고민하며 머물렀던 기억이 난다. 브랜드북까지 사고 싶었지만, 한국까지 이고갈 짐이 무거워 겨우 내려놓았다.

사실 초콜릿 포장이야 벗겨내면 그만이다. 재사용을 전제로 한 초콜릿 포장도 아니지만 선물 받는 사람의 취향을 고민해가며 각각의 맛과 여러 패턴 중에서 신중하게 고르게 됐다. 받는 사람이 좋아할 만한 성향과 감성, 맛을 상상하면서 말이다.

뉴욕의 브루클린에서 시작한 매스트브라더스 초콜릿은 한때 억울

한 소문이 돌 만큼 관련 업계로부터 많은 견제를 받았다. 시중에서 판매하는 초콜릿을 녹여 초콜릿 포장 껍데기만 예쁘게 만들어서 초콜릿 바 하나에 우리 돈 만 원이 웃도는 비싼 값에 판매한다는 소문이 돈 것이다. 소문의 진앙지는 블로그였다고도 하고, 실제로 프랑스 초콜릿 제조사 발로나로부터 고소를 당하기도 했다. SNS상에서는 창업자들의 트레이드 마크인 턱수염을 희화하여 조롱하는 사진들도 올라오기도 했고, 잘못된 소문과 기사들이 퍼졌다.

매스트브라더스는 2007년 뉴욕 근처 브루클린 윌리엄스버그에서 마이클 매스트와 릭 매스트라는 젊은 두 형제가 시작한 작은 스타트업 회사이자, 고급 수제 초콜릿 브랜드다. 최상의 카카오빈을 직접 구매하고 공정거래무역을 실천하며 콩 선별에서부터 초콜릿바까지 하나부터 열까지 직접 만드는 정통 초콜릿바 비즈니스 모델을 고집하고 있다.

비교적 신생 브랜드지만, 창업자 형제는 뜻이 맞고 장인 정신을 가진 여러 브랜드와 협업하여 질 좋은 초콜릿바를 만들고 있다. 예를 들어 천연 아마겐셋 바다소금을 넣은 초콜릿이나 미국에서 스페셜티 커피 붐을 일으킨 스텀프타운 커피, 런던의 티카페로 유명한 굿앤드프로퍼와 협업해 초콜릿을 만들고 있다. 미국 쉐이크쉑 매장에서는 매스트브라더스 초콜릿은 물론 매스터브라더스 초콜릿바를 이용한 디저트 아이스크림 메뉴를 개발해 판매하기도 한다.

성공의 요인으로는 초콜릿 자체의 뛰어난 품질과 좋은 재료를 이용한 탁월한 맛도 있지만, 필자가 꼽는 일등공신은 한눈에 꽂히는 탁월한 포장 디자인 덕분이라고 생각한다. 그래서 기성 초콜릿을 녹여 멋진 포장으로 바꿔 판다는 웃픈 루머가 돌며 유명세를 톡톡히 치렀다. 패션 브랜드처럼 매 컬렉션별로 출시되는 초콜릿바 포장 디자인은 하나의 추상화나 건축 조형물, 세련된 원단 패턴을 보는 듯하다.

2012년 매스트브라더스에 합류한 크리에이티브 디렉터 네이선 워켄틴은 원래 빈티지 스타일의 남성복과 가죽 재킷 등을 디자인한 패션 디자이너였다. 그는 초콜릿 포장지 하나를 디자인하기 위해 수많은 아트 작품과 갤러리, 건축물을 참고하고 세라믹 디자인, 패브릭 디자인 등을 심도 있게 벤치마킹하여 매스트브라더스의 시그니처가 된 기하학 패턴의 고급스러운 포장지를 만들었다고 한다. 흡사 대리석이나 벽지를 연상시키는 기하학적인 무채색 계열의 포장지부터 꽃을 모티브로 한 포장지까지 디자인은 다양하다.

초콜릿 겉 포장지 하나에도 이렇게 심혈을 기울여 하나의 예술 작품처럼 만들었기에, 두 형제가 약 10년 전 시작한 비교적 짧은 역사의 작은 초콜릿 브랜드가 〈포춘〉이나 〈보그〉와 같은 유명한 매체에 소개되는 프리미엄 브랜드가 된 것이다.

기성 초콜릿을 녹여서 제품 포장만 달리하여 비싼값에 판매한다는 소송에 휘말렸을 때도 매스트브라더스는 잘못된 소문을 바로잡고 직접적으로 대응하기보다는 제품 품질과 생산성을 높이는 데 집중했다. 소송과 잘못된 기사를 바로잡기 위해 시간과 노력을 투자하기보다 제품 본연에 충실하며 퀄리티 높은 제품을 개발하고 생산하는 것에 과감한 투자를 하여, 프리미엄 가치를 높이고 잘못된 소문은 스스로 걷혀지게 끔 기다렸다.

그렇게 런던과 LA 매장은 닫고 약 6,000제곱미터가 넘는 브루클린 공장으로 옮겨 생산 수량을 늘렸다. 덕분에 1년 사이 연간 초콜릿 판매 매출이 천만 달러에서 1억 달러로 10배 높아졌다. 집중과 성장으로 초콜릿 판매 가격도 낮출 수 있었다. 〈포춘〉지 인터뷰에서 공동 창업자 릭 매스트는 마크 트웨인의 유명한 격언을 인용했다.

"진실이 신발을 신고 있는 동안, 거짓말은 세상 반 바퀴를 돌 수 있습니다."

다행히 진실이 거짓말보다 더 빨리 지구를 돌 수 있었던 것은 원재료 소싱부터 초콜릿 생산, 디자인, 마케팅에 이르기까지 정공법을 택했기 때문이다. 덕분에 우리는 지구 반 바퀴를 돌아 매스트브라더스 초콜릿을 알기 시작한 것이다.

천 원과 만이천 원의 차이를 만드는
복순도가 막걸리

마케터는 명함을 주고받고 사람을 소개받는 일이

많다. 필자는 나와 다른 직업을 갖고 있는 사람들에게 특히 호기심이 많은 편이다. 뉴욕 출장 중 여러 사람들과 명함을 주고받았는데, 그중 건축을 전공하는 한 분은 한국에 계신 부모님이 도가(양조장)를 운영하고 계신데 그곳에서 만든 막걸리 홍보를 돕고 있다고 했다.

아직 브랜드 로고를 붙이지 않았지만 늘씬하고 투명한 막걸리 병은 기존 디자인과는 사뭇 다른, 한눈에도 멋져보였다. 흔들지 않고 뚜껑을 살짝 열면 샴페인처럼 천연 탄산 기포가 올라오며 아래에서 위로 술이 자연스럽게 섞이는 막걸리 데모 영상을 보여주었다.

그리고 몇 년 후 고급 막걸리 시장이 확산되고 샴페인막걸리, 막페인이라는 단어들이 들리기 시작하더니 몇 해 전 보았던 그 샴페인막걸리가 보였다. 샴페인막걸리 인터뷰 기사를 찾아보니 건축가 출신의 복순도가 김민규 대표가 가업을 물려받아 샴페인막걸리 브랜딩을 성공적으로 이끌고 있었다. 역시 그랬구나!

김민규 대표는 전공을 살려 논 위에 '발효건축'이라는 이름으로 양조장을 세웠다. 계절의 흐름과 술이 발효되는 흐름을 건물에 담았다. 도가의 외벽이 독특했는데 콘크리트 외벽에 새끼줄을 길게 붙이고 불로 태운 모습을 자연스럽게 노출하여 규칙적인 무늬를 연출했다. 그리고 건물 내부로 들어가면 발효되는 소리를 스피커로 연결하여 크게 들리도록 했다고 한다. 꼭 방문해 보고 싶은 플래그십스토어다.

술을 즐겨 마시진 않지만 하루에 막걸리 딱 반 잔은 나의 아버지가 하루의 고된 노동을 달래고 당신을 위로해주던 술이었다. 그래서 어릴

내 아버지가 찾으시던 막걸리와 우리 세대가 열광하는 막걸리의 공통점은 전통이며, 차이점은 브랜딩이다. 이미 있는 것을 다시 끌어올리는 감각적인 브랜딩과 마케팅력의 차이가 막걸리 한 병에 1,000원과 12,000원의 차이를 만들어내고 있다.

때부터 서울에 있는 대학에 올라오기 전까지, 종종 아버지의 막걸리 한 병을 사러 동네 슈퍼에 심부름을 다녀오곤 했다. 생막걸리라 미리 사둘 수 없기 때문이다.

개인적으로는 느린마을 막걸리도 좋아한다. 이름 때문에 좋아하는 부분도 있다. 요즘은 외국 친구들도 막걸리에 대한 관심도 많고 외국 귀빈 초청 행사나 국제회의 자리에서도 고급 막걸리가 만찬주로 올라오기도 한다.

내 아버지가 찾으시던 막걸리와 우리 세대가 열광하는 막걸리의 공통점은 전통이며 차이점은 브랜딩이다. 새로운 브랜드 이름, 감각적인 제품 디자인, 잘 입힌 스토리텔링, 유통 채널, 해외 시장까지 겨냥해 각국의 언어로 만든 홍보 영상과 자료들이 모두 브랜딩이다.

이미 있는 것을 다시 끌어올리는 감각적인 브랜딩과 마케팅의 차이가 한 병에 1,000원과 12,000원의 차이를 만들어내고 있었다.

6장

경험과 인식을 통해
쌓이는
프리미엄 가치

얼마 전부터 아마존에서 출시한 '알렉사'를 비롯해 '누구', '구글홈', '기가지니' 등 쇼핑을 대신해주는 인공지능 스피커가 생활 속에 들어왔다. 인공지능 기기를 이용하면 원하던 제품을 가격 거품을 빼고 공평하게 비교하여 골라주니 여간 똑소리나는 게 아닐 수 없다.

하지만 나를 위한 개인적인 스토리나 감정은 없다. 어린 시절 엄마가 손으로 떠준 목도리가 생각나게 하는 빨간 목도리, 그가 사고 싶어 한참 고민하던 가죽 가방, 10년 전 뽀송뽀송한 어느 날을 생각나게 하는 패브릭 방향제, 돌아가신 할머니가 보고 싶어지는 청국장, 차고 있으면 마치 세상을 다 가진 것 같은 고가의 시계… 이런 기억과 감정의 조합들이 반영된 선택은, 아직까지는 인간이 하는 것이다.

남자들의 호사스러운 그루밍 시간, 프리미엄 바버샵 헤어

남편은 출근 준비로 바쁜 아침에도 오랫동안 거울 앞에서 옷매무새를 깔끔하게 다듬고 헤어 스타일링에 신경쓰며 여러 향수를 T.P.O에 맞게 뿌리는, 그루밍에 관심이 많은 남자다.

나는 결혼 2주년을 기념하여 남편에게 특별한 경험을 선물해주고 싶었다. 여러 아이템들을 고민하다 물건 대신 하이엔드 바버샵의 경험을 선물해주기로 했다. 헤어커트 7만 원, 셰이빙 6만 원, 합산 12만 원의 가격대에 부가세가 별도로 붙으니 결코 만만한 가격은 아니다. 예약을 하고 남편과 함께 동행했다. 남자들만의 전유물인 바버샵이 여자인 내가 더 궁금해하던 공간이기 때문이다.

화려한 오프닝 파티로 국내 고급 바버샵의 포문을 연 한남동의 샵은 2층으로 된 단독 건물이었다. 킹스맨을 연상시키는 클래식한 인테리어와 묵직한 가죽 소파들, 포마드 헤어 스타일과 멋진 테일러룩을 갖춘 바버(이용사)가 맞아 주었다. 매장에는 남성 테일러 용품과 그루밍 제품들이 정갈하게 진열돼 있었다.

예약제인 만큼 한번에 많은 고객을 맞지 않는다. 소파에서 기다리는 동안 커피를 내어 주고, 신고 있던 구두를 받아가 슬리퍼를 신겨주었다. 조용하고 여유로우며 호사스럽기까지 하다. 남자들의 로망인 시가도 다양하게 놓여 있었다. 시가를 피고 싶으면 비용을 지불하고 외부의 넓직한 테라스 소파에 앉아 필 수도 있다. 남성들을 타깃으로 한 패션 브랜드나 주류 브랜드의 신제품 홍보도 종종 이 바버샵에서 열린다고 한다.

남편은 원하는 헤어스타일을 상담하고 한 시간에 걸친 풀서비스를 받았다. 킹스맨의 콜린 퍼스가 되어 영국의 어느 바버샵 같은 공간에서 셰이빙 서비스를 받는 과정을 보고 있자니 지켜보는 입장에서도 마음이 편안해졌다. 디자이너는 복잡한 상념들이 지워질 것 같은 세밀한 터치들을 이어나갔다. 업무 스트레스로 뭉친 안면 근육까지 다 풀어져 있는 남편의 얼굴은 다시 해맑은 소년이 되어 특별한 결혼 선물에 고마움을 표현했다.

핫핑크 네온 컨테이너에서 자라는
수경재배 채소, 스퀘어루츠

2050년이면 지구에 90억 인구가 살며, 그중 70퍼센트가 도시에 산다고 한다. 기술이 발달해도 먹거리는 계속 필요할 테다. 자율주행이 일상생활에서 완벽하게 상용화된다면 주차장과 차고가 필요없어질 텐데, 그 넓은 공간을 어떻게 활용할까? 이것이 획기적인 방식의 사업모델을 전파하고 있는 스퀘어루츠(squareroots)라는 기업의 첫 시작 질문이었다.

흰색의 컨테이너 박스는 수경재배 방식으로 키우는 도시 농장이다. 핫핑크톤 네온은 태양의 역할을 대신하는 광합성 유도 불빛이다. 제약회사 화이자의 오래된 브루클린 공장에서 최근 실리콘밸리가 주목하는 수경재배 스타트업 기업이 뿌리를 내렸다.

스퀘어루츠 컨테이너 박스의 장점은 공간을 세로로 활용하여 좁은 면적 대비 많은 생산을 할 수 있다는 것과, 농사의 가장 큰 어려운 점인 날씨와 온도를 조절할 수 있다는 것이다. 임의로 온도와 습도, 조도 등을 조절할 수 있으니 계절과 관계없이 무한 생산이 가능하므로, 1년 동안 한 컨테이너 박스에서 상추 55,000장을 수확할 수 있다고 한다.

컨테이너 박스의 기본 구성은 세로로 쌓여 있는 선반들과 물을 공급하는 관, LED 조명으로 박스 하나에서 수확할 수 있는 채소가 8,000 제곱미터(약 2,420평)의 경작지에 맞먹는 생산량이라고 한다.

제곱근을 뜻하는 스퀘어루츠라는 브랜드명은 혁신적인 농업 생산량과 안전한 먹거리, 농약과 흙 없이도 신선하게 재배하여 갓 수확한 채소들을 도심에 공급하겠다는 의지를 보여주고 있다. 유전자가 조작되지 않은 씨앗을 뿌리고 살충제, 제초제 및 살균제도 필요없다. 유기농인데 라벨에 유기농이라고 표기하지 않는 것은, 현재 미국의 유기농 허가

조건이 흙과 관련되어 있기 때문이다.

스퀘어루츠는 테슬라의 창업주인 일론 머스크의 동생이자 현재 테슬라 이사회 멤버이기도 한 킴벌 머스크와 그가 레스토랑을 사업하며 만난 토비아스 페그스가 공동 창업하여 운영하고 있다. 이미 뉴욕시로부터 5,400만 달러(약 580억 원)의 투자금을 유치했다고 한다. 킴벌 머스크는 '더 키친'이라는 고급 레스토랑과 캐주얼 레스토랑 '넥스트도어' 등을 운영하며 직거래를 통해 농장과 고객을 연결해왔다. 유년 시절에 테슬라의 일론 머스크 형과 함께 결제서비스 회사 엑스닷컴(x.com)을 창업하기도 한 그가 기술과 농업, 소비자를 연결하는 도심형 농장 및 유통 사업을 창업한 것은 어찌 보면 자연스러운 결과 같기도 하다.

주목받는 기업의 미래형 농업 마케팅은 지역 사회 고객들을 만나는 것에서 시작된다. 지역 주민들의 창업을 도와주고 컨설팅해주는 사업 모델 방식은 스퀘어루츠의 마케팅 수단이다. 초반에는 10명의 창업 정신을 갖고 있는 도시형 젊은 농부들을 교육하는 것으로 시작했다. 젊은 농부들은 언뜻 보면 실리콘밸리에서 일하는 직원들 같기도 하다. 한번 짓는 데 10만 달러(약 1억 900만 원)가 들지만 농부들에게 농장 임대료는 받지 않고 충분히 교육을 해준 뒤에 물값, 전기값, 씨를 사는 비용 등 운영비만 받고 수익을 나눠갖는 방식으로 운영하고 있다.

현재는 주로 상추, 토마토, 바질 등 간단한 채소 등을 키우지만 앞으로는 딸기, 블루베리 등 다양한 과일도 키울 예정이라고 한다. 스퀘어루츠의 장점은 뽑아서 3시간 내에 고객의 식탁 위에 올라가고 4주 단위로

흰색의 컨테이너 박스는 수경재배 방식으로 키우는 도시 농장이다. 핫핑크톤 네온은 태양의 역할을 대신하는 광합성 유도 불빛이다. 컨테이너 박스의 기본 구성은 세로로 쌓여 있는 선반들과 물을 공급하는 관, LED 조명으로 컨테이너 박스 하나에서 수확할 수 있는 채소가 8,000제곱미터(약 2,420평)의 경작지에 맞먹는 생산량이라고 한다.

계속 키워서 무한 경작할 수 있다는 점이다.

　KBS 명견만리라는 프로그램에서도 얼마 전 '에어로팜'이라는 최대 규모의 수경재배 기업을 유명 셰프 샘킴 씨가 방문하기도 했고, 스튜디오에서 수경재배한 채소와 일반 채소를 이용한 요리의 맛을 블라인드 테스트하기도 했다. 블라인드 테스트에서 방청객은 수경재배 바질이 향이 더 강하고 신선하다는 것을 알아챘다. 시중에 유통되는 시간이 상대적으로 짧기 때문에 향이 더 강했던 것이다.

벤츠 전시장에서 라면 먹고 가세요

엠블럼을 이용한 가장 폭넓고 잘 알려진 마케팅 사례는 올림픽이다. 올림픽 오륜기 엠블럼을 파트너사 제품과 서비스에 부착하여 신뢰도와 친숙함을 높이고, 전세계에 올림픽을 홍보할 수 있는 엠블럼 마케팅이다. 또 다른 예로 독일 메르세데스벤츠에서 글로벌 광고대행사 BBDO와 함께 진행한 캠페인 '퍼스트 임프레션(First impression)'이 있다. 벤츠 엠블럼을 차에 흠집 없이 부착할 수 있도록 만들어 다른 자동차 브랜드를 이용하는 고객의 차에 살포시 부착했다.

벤츠 매장에 들러 시험 주행을 해보길 권하는 내용이었는데, 실제로 캠페인 후에 다른 자동차를 이용하고 있지만 향후 다음 차를 벤츠로 염두에 두고 시범주행을 위해 벤츠사를 방문하는 고객들이 늘었다고 한다. 시범주행 후 구매로 이어져 당해 30퍼센트 이상 매출을 올린 마케팅 사례다.

2016년 도쿄 롯폰기의 메르세데스벤츠 딜러샵에서 깜짝 이벤트를 열었다. "라면 먹고 가세요!" 벤츠 매장에서 라면을 팔기 시작한 것이다. 그것도 벤츠 로고가 선명하게 박힌 그릇에 담겨져 나오는 벤츠 라면이었다.

벤츠 홍보 담당자는 "가장 친근한 일본의 국민식 라면을 판매함으로써 일본 소비자들이 메르세데스벤츠라는 브랜드를 만나는 새로운 기회를 제공하고 싶었다"며 "고급스러울 것 같아 벤츠 매장에 들어가기 어렵다'고 생각하는 사람이 많은데, 들어와서 라면만 먹고 가도 전혀 문제없다"고 말했다. 이 관계자는 "자동차에 아무런 관심이 없는 분도 라면을 먹으러 꼭 오길 바란다"고 당부했다.

경험의 과정을 시간순으로 시각화하라, 이니스프리 팝업스토어

크리에이티브한 브랜드의 이벤트를 기획하기 위해서는 먼저 고객들이 쉽게 제품과 서비스의 속성을 명쾌하게 이해하고 경험할 수 있도록 스토리텔링을 구성해야 한다. 그리고 이를 공감각적으로 형상화하여 참여한 고객들의 긍정적인 경험치를 높이도록 해야 한다. 당시 경쟁사 중 하나인 나스의 브랜드 파워에 대응하고, 색조 컬렉션을 강조하기 위해 이니스프리에서 마이팔레트 이벤트를 진행했다. 필자는 이니스프리가 고객의 브랜드 경험을 최적화하기 위해 어떤 방식으로 이벤트를 기획했는지 궁금해 팝업스토어를 방문했다.

2016년 4월 3, 7, 9호선이 만나는 고속버스터미널역을 찾았다. 당시 출퇴근길에 늘 이용하던 역이었는데, 이니스프리 마이팔레트 팝업스토어를 오픈한다는 반가운 소식을 들었다. 뷰티 브랜드의 신제품 팝업스토어를 일반 매장이 아닌 여의도역과 홍대입구역, 고속버스터미널역에서 연다는 것이 신선했다. 사전에 인플루언서 등록을 통해 이벤트에 참여할 수 있었다.

마케터들에게는 자기 제품뿐 아니라 다른 브랜드 행사장도 자주 찾아 트렌드에 대한 감을 잃지 않고, 견문을 높이는 것 또한 일이다. 하지만 대개는 과중한 업무로 제 시간에 찾아갈 수도 없고 퇴근이 늦어지니 일부러 찾아다니는 것 또한 정성이 필요한 것이 현실이긴 하다.

'마이팔레트' 프로젝트는 유명 메이크업 아티스트 박태윤, 우현증 등의 자문과 소비자 인터뷰를 바탕으로 컬러를 만들었다고 한다. 100여 색상의 아이섀도, 5종의 아이브로, 29가지 색상의 블러셔, 홍조나 다크서클 등을 넓게 가려주는 컬러코렉터 3종, 잡티를 가려주는 3종의 컨실러 등 총 140종의 제품을 갖추고 있었다. 마이팔레트는 위의 여러 제품을 고른 후 자석으로 붙였다 뗄 수 있는 팔레트 케이스에 원하는 색상과 크기의 제품을 자유롭게 조합할 수 있는 맞춤형 제품이다.

밤에 핀 백합, 목련 엔딩, 손 끝에 봄, 우도 땅콩 티라미수, 폭신폭신 캐시미어, 갓 구운 보리빵,
말린 살구 꽃잎, 꿀밤 라떼, 호수에 비친 노을, 속삭이는 솔방울, 해변까지 세 발짝, 꽃갈피 일기장,
톡 터진 금귤, 밤이 번지는 하늘, 말린 녹차잎

카페나 베이커리에서 만날 수 있을 것 같은 이 이름들은 2017년 봄 이니스프리의 마이팔레트 컬렉션에 소개된 140여 종의 아이섀도 및 블러서 색상 이름이다. 주요 타깃층인 대학생들을 대상으로 이름 짓기 공모를 통해 선정했다고 한다.

나만의 컬러를 찾아 떠나는 여행, 마이팔레트 스테이션
지하철 노선도는 수많은 역과 라인이 얽혀 있어 첫눈에는 복잡해 보이지만 출발지와 목적지만 알면 누구에게나 도움이 되는 친절한 여행가이드입니다. 이니스프리의 마이팔레트 스테이션은 이 지하철 시스템에서 영감을 받아 기획되었습니다.

대학생 때 유럽으로 떠난 배낭여행에서 도시와 국경을 넘어가기 위해 기차를 탔던 기억은 아직까지도 선명하다. 기차역 플랫폼마다 유럽 각지로 흩어지는 행선지와 시간이 적혀 있고, 테제베 같은 고속기차도 있지만 해리포터 마법학교로 갈 것 같은 클래식한 기차를 만나기도 한다. 승무원의 안내를 받아 겨우 자리를 찾아 가방을 놓고 앉으면 그때서야 찾아오는 안도감과 설렘. 저마다 행선지와 기차역에 대한 기억은 다르겠지만, 낯선 기차역과 서툰 여행 기억은 누구나 갖고 있을 것이다.

이니스프리를 상징하는 초록색 승무원복을 입은 행사 안내자들의 도움을 받아 우선 자신의 피부 타입을 알아본다. 지하철 노선도를 찾아가듯이 평소 본인의 피부 유형에 대한 답을 하면서 피부 타입을 찾아낸다. 나는 역시나 긴성이었다. 피부가 희고 건성인 피부톤에 어울리는 색조를 찾고 빈 팔레트를 받아 각 부스로 이동하며 내가 원하는 색상들과 조합을 고르는 것이었다. 팬톤칩처럼 색상이 인쇄된 종이 스티커를 떼어서 원하는 구성으로 붙이면 나에게 꼭 맞는 색조 팔레트를 완성할 수 있다. 아이섀도, 아이브로, 컨실러, 블러셔, 컬러코렉터, 하이라이터, 컨투어링 등 7가지 유형의 메이크업 제품 중에서 스티커 색상과 맞는 제품을 고르면 나만의 팔레트가 완성된다니 갑자기 결정장애가 찾아온다. 생각보다 여러 번 비슷한 듯 다른 색상의 종이 스티커를 붙였다 떼었다 해보고, 실제로 눈두덩이에 발랐다 지웠다 하면서 이니스프리가 선보인 색조 화장품을 만끽하고 있었다.

잘된 마케팅 사례의 공통점은 정확한 스토리텔링이 있으며 매력적으로 시각화했다는 것이다. 그리고 고객이 경험하는 과정들을 놓치지 않고 세밀하게 설계하여 거기에 제품의 장점들을 극대화하여 녹여낸다. 설명을 듣고 이해하게끔 하는 것이 아니라 체험하면서 자연스럽게 전달되도록 하는 것이다.

이런 점에서 이니스프리의 마이팔레트 스테이션 팝업스토어는 출시한 수많은 색상 속에서 길을 잃기 쉬운 제품 컨셉을 기차역이라는 내러티브에 재미있게 녹여냈다. 소비자가 원하는 '나만을 위한 맞춤 화장품'이라는 궁극적인 종착역에 도달할 수 있도록 돕는 매력적인 프로젝트였다.

선물 포장 위에
한 번 더 향수를 뿌려주는 조말론

선물은 받는 기쁨도 크지만 주는 기쁨도 꽤 괜찮다. 상대방이 좋아할 선물을 신중하게 고르고, 포장을 신경 쓰는 과정에서 느끼는 감정을 즐기는 편이다. 때로는 나를 위한 씀씀이보다 남을 위한 씀씀이가 클 때도 있다.

개인적으로 좋아하는 브랜드 중 하나가 조말론이라는 영국 향수 브랜드인데, 향이나 병 디자인도 좋지만 특히 조말론의 선물 포장을 좋아한다. 매장에 들러 친절하고 차분한 톤의 매장 직원의 설명과 도움을 받아 적절한 향을 고르고, 포장하는 과정을 마치 하나의 작은 쇼를 보듯이 천천히 감상하곤 한다. 주로 한국에서 사지만 한 번은 미국에서 산 적이 있는데 선물 포장 방식도 같았다.

연한 베이지톤의 박스 안에 검은색 습자지를 구겨 풍성하게 깔고 그 위에 사각형 병에 담긴 향수를 모시듯이 올려놓고 박스 뚜껑을 덮는다. 그리고 그 위에 두꺼운 검은색의 리본을 두르면 따뜻한 베이지와 담대한 블랙이 세련된 비주얼을 만들어 낸다. 그리고 같은 계열의 선물용 종이 가방에 담고 여기서 끝이 아니다. 그 위에 다시 검은색의 습자지를 풍성하게 구겨 채워넣는다.

그리고 그 안에 조말론의 향수를 쓱 뿌린다. 그러고 나서 종이 가방 위에 달린 검은색 리본을 다시 묶어 제품이 흔들리지 않고 고정될 수 있도록 한다. 종이가방 안 습자지 위에 골고루 향이 퍼져, 선물을 주기 전에도 선물을 받은 사람이 선물을 열기 전에도 은은하게 느껴진다. 마지막에 종이가방에 뿌리는 향수는 구매 과정 전체를 즐거운 구매 경험으로 만들어 주는 최고의 마케팅이다.

호주에서 시작한 자연주의 기초 화장품 이솝(Aesop) 또한 국내에서 8곳의 특별한 시그니처 스토어를 운영하고 있다. 각각 지역 컨셉에 맞게 다르게 기획하지만, 모두 이솝의 브랜드 정체성인 편안함과 자연 친화적인 느낌을 담아내고 있다. 매장에 들리면 먼저 향긋한 차를 내어 긴장을 풀고 마음을 가라앉히게 해준다. 한번은 급하게 선물할 일이 있어 들렀는데 너무 천천히 응대해주는 것이 아닌가 싶을 정도였다. 돌이켜보면 평소 그 브랜드를 좋아했던 이유는 고집스러울 정도로 변하지 않는 제품 패키지, 느리지만 한결같음, 모든 경직된 감각을 풀어주는 것 같은 제라늄 향의 보디클렌저였다. 그런데 막상 매장에 들어서는 빨리 제품을 추천해달라는 나의 급한 태도는 참 이중적이긴 했다.

이솝 시그니처스토어에서 눈에 띄는 것 중 하나는 매장 안에 놓여 있는 예쁜 싱크대다. 싱크 앤드 핸드 데몬스트레이션 서비스라고도 하는데, 여기서 손을 씻고 손 마사지를 받으며 다양한 제품을 체험해볼 수 있다.

잡지 〈얼루어〉에서 소개된 유럽에 있는 이솝의 시그니처스토어 건축 및 디자인 이야기가 흥미롭다. 유럽 매장 디자인과 비주얼머천다이징(VMD)을 진행하고 있는 프랑스 건축가 장 필립 본푸아와의 인터뷰 기사에 의하면 이렇다. 그는 브랜드가 선사할 수 있는 모든 감각적 경험을 만들어내기 위하여 다양한 시도를 하고 있다고 한다. 물리적 공간을 통해 브랜드를 구현하고, 그 공간 안에서 모든 감각이 브랜드를 향할 수 있도록 공간을 설계한다는 것이다.

예를 들어 그의 손을 거친 파리의 한 페이셜트리트먼트 공간은 프랑스 가구 명장인 '피에르 폴랑'의 디자인 유산을 이어받은 '폴랑, 폴랑, 폴랑'과 협업하여 꾸몄다고 한다. 마치 하나의 미술 전시관을 만들 듯이 매번 다른 시도를 하는 것은 그만큼 고객과의 만나는 최종 접점인 매장 내에서 일어나는 일들이 브랜드의 모든 체험 과정이기 때문이다.

데이터 분석을 통한 빠른 샛별 배송, 마켓컬리

'샛별배송'계의 혜성 같은 식품 쇼핑몰, 마켓컬리는 비교적 최근에 시작한 서비스이지만 단숨에 눈에 띄는 쇼핑몰이다. 대기업보다 제품 구성이나 배송 속도, 디자인 완성도, 스토리텔링, 브랜드 측면에서 단연 돋보였다. 특히 샛별배송 시스템은 감동적일 정도로 정확하고 빨랐고, 포장도 완벽했다.

조촐한 크리스마스 파티를 위해 평소 자주 들리는 마켓컬리에서 폭립세트와 각종 치즈, 그리고 100원에 판매하는 대만 홍차 이벤트 제

샛별배송이 이루어지기 위해서는 정확한 데이터 분석이 필요하다. 여러 언론에 소개된 마켓컬리는 자체 물류창고에 사입해서 보관해 두는 방식으로 서울, 경기, 인천 지역 대상으로 12시간 안에 포장과 배송 완료가 가능하다고 한다. 데이터 관리팀에서 수요를 예측하여 되도록이면 정확한 물량을 미리 계산하여 사입하는 방식을 쓴다고 한다.

품을 담았다. 특히 하얀색 도자기잔 같은 클래식한 디자인의 홍차캔을 100원에 구매할 수 있어 좋았다. 크리스마스라 물류가 늦어질 것을 감안하여 3일 전에 주문했는데, 다음날 아침 현관문을 열어보니 이미 제품이 와 있었다. 그것도 제품 종류별로 냉장, 냉동 온도를 달리하여 하나하나 정성스럽게 포장되어 있었다.

아파트 공동현관문 비밀번호를 주문할 때 미리 알려주면, 모두가 자고 있을 새벽에 조용히 문 앞에 두고 비밀번호를 바로 폐기하는 시스템이다. 대부분 아파트 경비원들도 12시부터는 법적 휴식 시간이지만, 마켓컬리의 샛별배송을 위한 물류팀은 마스코트 보라색 부엉이처럼 밤과 낮이 바뀌어 돌아간다고 한다. 배송팀의 공식 팀 이름은 '라스트 마일(Last Mile)'이라고 한다. 마지막까지 끝까지 배송을 책임진다는 뜻이다.

사실 샛별배송이 이루어지기 위해서는 정확한 데이터 분석이 필요하다. 쇼핑몰 물류를 보면 미리 사입해두지 않으면 밤 11시까지 주문된 제품을 다음날 새벽에 배송하기가 불가능하다. 여러 언론에 소개된 컬리마켓은 자체 물류창고에 사입해서 보관해 두는 방식으로 서울, 경기, 인천 지역 대상으로 12시간 안에 포장과 배송 완료가 가능하다고 한다. 유효기간이 있는 유제품, 과일, 유기농 채소, 가공식품 등이 대부분인데 미리 사입해서 보관하는 것은 향후 제품 폐기 가능성도 없지 않아 리스크가 있을 텐데 말이다.

2016년말 기준으로 마켓컬리 블로그에서 소개한 직원 구성을 보면, 전체 팀의 8퍼센트가 데이터 관리팀이고 머천다이징 14퍼센트, 컨텐츠 14퍼센트, 물류 32퍼센트 및 기타 여러 팀으로 구성되어 있다. 데이터 관리팀에서 수요를 예측하여 되도록이면 정확한 물량을 미리 계산하여, 사입하는 방식을 쓴다고 한다.

기업 입장에서는 재고를 남기지 않기 위하여 선 주문 후 사입하는 발송 시스템을 택할 수 있는데 고객 입장에서 가장 빨리 신선한 제품을 받을 수 있도록 먼저 배려하여 긍정적인 구매 경험→ 재구매→데이터의 확대→물류 확대→예측 정확도 증가로 규모의 선순환이 되도록 한 셈이다.

뿐만 아니라 마켓컬리는 백화점 식품관이나 대기업에서도 탐이 날

만한 신박한 아이템을 자주 소개한다. 대기업 관계자들이 내게 오히려 마켓컬리는 어떻게 그렇게 잘 하냐고 물어보기도 한다. 여러 매체에 소개된 더파머스 김슬아 대표의 인터뷰를 보면, 평소 미식에 관심과 열정이 많았고 오랜 해외 거주 경험으로 국내에는 아직 덜 소개된 양질의 식재료와 유기농 제품들을 잘 선정하는 것 같다. 머천다이징팀은 전국 방방곡곡을 돌며 좋은 식재료를 계속 찾아다닌다고 한다.

손님을 초대하면 특별한 요리를 하고 싶어질 때가 있다. 2000년 스페인 어학연수 시절에 배운 몇 가지 스페인 요리들이 있는데, 가끔 요리를 하며 그때 기억을 떠올리곤 한다. 물론 요즘은 빠에야를 파는 레스토랑도 많지만 직접 스페인의 대표 요리인 빠에야를 만들고 싶어졌다.

빠에야는 특유의 노란색을 내는 색소, 사프란과 외국쌀 특유의 찰기가 없고 길쭉한 안남미(태국쌀)가 필요하다. 쌀은 한국쌀로 한다고 해도 노란밥은 빠에야의 핵심이라 빠질 수가 없다. 카레가루는 강황 특유의 냄새가 있어서 적당하지 않다. 지금은 시어머니가 쓰셨던 무색무취의 치잣물을 응용하여 빠에야를 만들고 있는데 외국 식재료 구입을 위해서는 외국인이 많이 거주하는 이태원이나, 대형 고급 식품관, 해외 식재료 전문점을 뒤져야 하는 수고로움이 있다. 이태원이나 연남동에 있는 해외 식재료 가게를 들러본 사람들은 마켓컬리에서 내놓는 제품들이 하나같이 반가울 것이다.

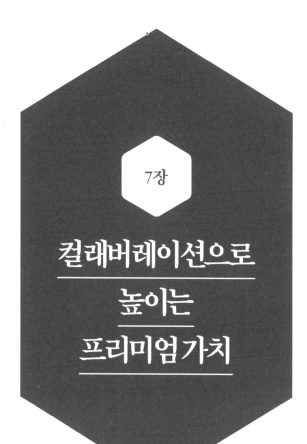

7장

컬래버레이션으로
높이는
프리미엄가치

2013년부터 큰 꽃을 달고 하늘을 나는 비행기가 있다. 라이프스타일 브랜드인 마리메꼬와 핀란드 국적기인 핀에어 항공사가 2013년부터 진행해온 디자인 협약 컬래버레이션으로, 마리메꼬 핀에어는 지금까지도 성공적으로 운영되고 있다. 특유의 큼직큼직한 꽃 패턴과 컬러풀한 색감으로 패브릭, 식기, 의류, 침구 등 다양한 라이프스타일 제품을 1951년부터 66년간 만들어온 마리메꼬는 핀란드의 국민 브랜드다. 또 국내에도 코엑스와 가로수길 플래그십스토어, 롯데월드타워 등에 입점하여 한국 소비자들에게도 친숙하다.

핀에어에서 만나는
핀란드 국민 브랜드 마리메꼬

항공사가 비행기 전체를 마리메꼬 패턴으로 래핑한 발상이 기발하다. 안전과 신뢰감을 중요하게 여기고 다양한 취향의 고객들을 만족시켜야 하는 항공산업 특성상 기내 외부와 내부 디자인은 다소 지루하거나 경직될 수밖에 없다. 그런데 어느날 탄 장거리 비행기에서 집에서 자주 보던 무늬의 디자인들을 만나면 반갑고 친숙한 느낌을 받을 것이다.

첫 시작은 이랬다. 2012년 10월 핀에어 창립 50주년을 기념하여 비행기 안에서 특별한 패션쇼를 열었다. 핀에어의 제안으로 마리메꼬의 디자이너인 마이야 이솔라의 패턴을 활용한 기내 컬렉션을 기획했다. 특히 깨끗한 핀란드 자연 경관과 잘 어울리는 파랑, 초록, 회색톤의 색상을 기존의 클래식한 의상에 접목하여 디자인했다. 비행기 좌석 스크린에서는 컬렉션 영상들이 나오고 승무원들은 컬렉션 의상을 입고 기내를 런웨이처럼 걸었다. 기자들은 패션쇼처럼 기내에서 플래시를 터트리며 사진을 찍었다.

이를 계기로 핀에어는 마리메꼬의 대표적인 패턴인 양귀비꽃 '우니꼬(Unikko)' 문양을 A340 항공기 위에 크게 얹었다. 한눈에 보아도 시원하고 시각적으로도 즐거운 비행기다. 디자인 협업 사례 중에 가장 오래 지속되고 시너지를 높인 사례로 늘 꼽힌다.

　　비행기를 타면 마리메꼬 기내용품도 만날 수 있다. 일등석 침구류와 식기 외에도 일반석에도 종이컵, 냅킨, 슬리퍼, 머리 뒤에 붙이는 일회용 부직포까지 마리메꼬의 디자인이 가득하다. 주로 아시아로 취항하는 장거리 비행기에서 진행되는 이 컬래버레이션 프로젝트는 기내용품뿐 아니라 마리메꼬 꽃무늬 원단으로 디자인된 한복 유니폼을 입은 승무원, 일본 승무원의 유카타 디자인까지 적용 범위가 다양하다.

　　기체 디자인뿐 아니라 비즈니스클래스석에는 초경량 사기 재질로 된 테이블웨어 제품을 내놓는 등 끊임없이 핀에어만의 즐거운 비행기 탑승 경험을 만들어내고 있다.

　　필자도 국내 유명 항공사와 메뉴 및 디자인 협약을 의논한 적이 있다. 프랑스 파리와 서울을 오가는 프랑스 국적기나 국내 항공기와 협업

하여, 파리를 상징하는 디자인 제품과 메뉴 등을 제안하고 구체적으로 논의가 오가던 중 파리 대규모 테러 사건으로 흐지부지되었던 적이 있다. 진행하면서 느낀 점은 아마 테러 사건이 아니었더라도 진행 성사율은 높지 않았을 것이라고 생각한다. 기내와 관련된 물품, 메뉴, 재료 등에 대해서는 엄격한 항공규정이 따르기 때문에, 핀에어 사례처럼 항공사의 적극적인 니즈에서 시작하는 것이 훨씬 더 유리할 것이다.

컬래버레이션의 묘미는 전혀 생각하지 못한 것에서 시너지를 만들어내는 것이다. 그리고 컬래버레이션에서 가장 주안점을 둬야 할 것은 두 개 또는 그 이상의 협업 주체들이 서로 얻는 것이 명확해야 하며, 추진력과 문제 해결이 가장 중요하다는 것이다. 서로 얻을 수 있는 정량적, 정성적 이익이 거의 1:1로 비슷하게 떨어질 수 있도록 명분을 가시

화하고 실익을 만들어야 한다. 때로 상대방은 재무적 단기적 성과보다는 명분이 더 중요할 수도 있다. 특히 공공기관인 경우에는 그렇다.

시작이 반이라는 말처럼 말도 안 되고 실현 가능성이 크지 않을 수 있겠지만 아이디어를 개발하는 단계에서 실무자의 창의력이 필요하다. 윗선에서 경영진들이 먼저 플랫폼을 짜고 네트워크를 기반으로 크게 움직이는 전략들도 많겠지만 마케팅 실무 차원에서 브랜드와 브랜드, 아티스트와 브랜드, 온라인과 오프라인 유통의 결합, 특정 공공 단체와의 컬래버레이션 아이디어를 제안하고 개발하는 것은 비용도 들지 않고 리스크도 없으니 큰 부담을 갖기보다 독특한 컬래버레이션을 기획해보는 것을 추천한다.

아이디어를 개진하고 정 아니면 지우더라도 비용과 위험 부담은 거의 없다. 쏟아낸 아이디어 중에는 정말 추진하고 싶은 것들이 있을 것이고, 그후에는 나보다 힘을 더 실어주는 사람도 나타나게 마련이다.

지큐×폭스바겐 카드지갑 품절 대란

2012년 〈지큐〉에서 폭스바겐 더비틀 국내 출시를 기념해 잡지를 구매하는 독자에게 푸른색 카드지갑을 무료로 증정했다. 잡지를 사면 폭스바겐 배지가 반짝이는 실용적인 소가죽 카드 지갑이었다. 서점에서 조기품절 대란이 일어났고 인터넷에서도 실검이 오르내리며 폭발적인 반응을 얻었다.

　이후 필자가 〈지큐〉브랜드매니저로 근무하게 되면서 폭스바겐 카드 지갑의 시즌2 버전을 2013년 목걸이 형태의 카드지갑으로 업그레이드해 한 번 더 진행했다. 역시나 큰 반향을 일으키며 폭스바겐 골프에 대한 많은 입소문을 끌어낼 수 있었다. 지갑의 색상, 소재, 원단, 안에 들어가는 미니 브로셔, 자동차 화보, 카드 지갑을 설명하는 카피라이팅, 지갑을 담을 박스, 지갑을 감싸는 속지 디자인까지 편집팀장, 편집팀, 협업 파트너인 폭스바겐아우디 관계자들과 함께 논의하며 프로젝트를 진행했다.

　당시 골프의 메인 컬러와 폭스바겐의 아이덴티티, 〈지큐〉에서 바라보고 〈지큐〉의 시선으로 골프의 성능과 디자인을 풀어내기 위해 세심하게 고민해야 했다. 7세대 신형 골프의 메인 컬러를 표현하기 위하여 100여 가지의 블루톤을 놓고 상의 끝에 남태평양의 바다색을 연상시키는 블루를 선택했다.

　카드지갑 형태에 대한 고민도 컸다. 설문조사와 온라인 서베이, 트렌드서치 등을 통해 활동적인 라이스프타일을 추구하는 당시 〈지큐〉의 독자층들은 사무실 출입증과 1~2개의 신용카드를 넣어 내외부를 자유롭게 이동할 수 있는 목걸이 형태를 선호하고, 이런 카드지갑에 대한 수요가 일기 시작한다는 것을 포착했다. 물론 한정된 예산 안에서 많은 수량을 뽑기 위해 비용적인 제한까지 두루두루 고민해야 했다. 제작비 부담이 있었지만 프라다의 여성용 가방에 자주 쓰이는 고급 사피아노 원단으로 제작해 내구성이 좋은 카드지갑을 만들었다.

부록 증정과 함께 본지 안에는 폭스바겐 골프 자동차 화보를 멋있게 촬영하여 기사로 다루었다. 편집팀이 완성한 멋진 화보에 에디터의 감각적인 글이 더해지면서 폭스바겐 골프 자동차에 대한 다양한 정보와 호기심을 전해주었다. 이 성공적인 캠페인 후에도 이 카드지갑을 쓰고 있는 사람들을 종종 보게 된다. 사람들이 이 지갑을 쓰고 있는 것을 보게 될 때면 정말 반가웠다.

폭스바겐에서 지갑을 만들지 않는다는 것은 누구나 아는 사실이다. 그러나 많은 사람들이 이 지갑을 들고 다니면 자연스럽게 브랜드 노출이 높아지고, 신차 론칭 관련 바이럴이 높아질 수 있다. 폭스바겐의 메인 제품군과 전혀 관련 없는 카드 지갑이므로, 독자들에게 무료로 제공해도 브랜드의 가격 포지셔닝에 해가 없다. 오히려 한정판 조기 품절 대란을 통해 7세대 골프 출시 입소문도 끌어올릴 수 있었다.

로얄코펜하겐이 한국을 사로잡은 비밀, 로컬라이제이션 협업

필자는 명품 테이블웨어(식기)에 빠져 여러 가지 컬렉션을 모으면서 잠시 북유럽 그릇을 직접 수입하는 사업도 했다. 해외 브랜드 그릇을 보다 보면 해외와 한국의 식문화 차이가 크다는 것을 새

삼 느끼곤 한다. 샐러드볼은 너무 움푹하거나 크고 밑반찬을 담을 아담한 그릇들은 부족한 반면 넓은 접시들은 필요 이상으로 많다. 접시가 평평해서 국물이 있는 조림류를 담기 부적절하거나 빨간 양념이 많은 한식들이 형형색색의 수입 그릇들에 놓이면 요리 때깔이 죽어 보이거나 그릇이 생뚱맞아 보이기도 한다.

10여 년 전에 포트메리온이라는 수입 브랜드의 식기세트가 유행한 적이 있었다. 주부들 사이에서는 국민 그릇이라 불리기도 했고 시집갈 때 챙겨가는 식기세트로 인기가 높았다. 그릇 테두리에 초록색 나무잎 패턴이 장식된 것이 특징인 이 그릇은 약간씩 다른 꽃과 풀들이 디자인되어 있어 한국 사람들의 취향에 맞기도 했지만, 한국에서 인기 있었던 가장 큰 이유는 다양한 사이즈의 식기가 우연히 밥과 국, 반찬을 담기에 적당했기 때문이었다.

1775년 왕비의 후원으로 덴마크 왕실 도자기 납품 업체로 시작한 로얄코펜하겐은 현재 리빙산업계의 LVMH와 같은 피스카스그룹에 인수되었다. 핀란드의 제철소로 시작한 피스카스는 영국 및 아일랜드 브랜드인 웨지우드, 로얄덜튼, 로얄알버트, 워터포드, 이딸라 등을 M&A를 통해 인수한 핀란드의 글로벌 그룹이다. 로얄 코펜하겐이 핀란드 기업에 인수되었지만 피스카스 그룹은 로얄 코펜하겐이 덴마크 회사라는 인식을 유지시키고 있다. 소비자는 로얄 코펜하겐을 통해 '덴마크 왕실 이미지'를 사기 때문이라는 것이다.

덴마크인들에게 로얄코펜하겐은 하나의 브랜드가 아닌 문화유산

해외 브랜드와 일하다 보면 피치 못하게 국내 현지화 작업이 필요한데 때로는 브랜드 고유의 속성을 미세하게 틀어야 하거나 강조 포인트를 달리해야 할 경우도 있다. 하나씩 살짝살짝 바꾸고, 나라마다 바꾸다 보면 전혀 다른 브랜드가 되기 때문에 늘 경계선에서 본사와 해외 여러 나라 파트너사의 협의는 아슬아슬한 밀당의 연속이다.

에 가까운 자부심을 느끼게 해준다고 한다. 초벌구이 후 그림을 그리고 유약을 발라 고온으로 재벌구이하는 언더글레이즈 기법으로 생산하는데 그릇 바닥에 그려진 파도 로고 세 줄은 덴마크의 해협인 외레순, 그레이벨트, 리틀벨트를 상징한다고 한다.

2013년 로얄코펜하겐 본사는 한국과 협업을 통해 처음으로 한식기 세트를 내놓았다. 한국인이 먹는 밥과 국의 용량을 검토하고 마른 반찬과 국물이 있는 반찬류 등 한국 음식 환경과 식습관에 맞게 출시한 한식기세트는 조기 품절로 이어졌다. 북유럽 디자인 DNA에 한국형 제품 사이즈와 구성이 안목 까다로운 한국 소비자들에게 환영받은 것이다. 혼수용품으로도 인기가 많았고, 구매력 높은 그릇 마니아 주부들 사이에서도 입소문을 탔다. 맛칼럼니스트 황교익 씨도 그의 블로그에 한국 음식 고유의 특징이 잘살 것 같아 "갖고 싶었다"고 남겼을 정도로 성공적으로 기획된 제품이었다.

해외 브랜드를 국내 시장의 수요와 특성에 맞게 로컬라이제이션하는 것은 절대 쉬운 작업이 아니다. 특히 전통을 지키려고 노력하는 보수적인 유럽 브랜드가 한국 식탁에 맞게 제품 디자인을 변경하고 특정 국가에서 단독 론칭했다니, 아마도 그 안에서 수많은 설득이 오고 갔을 것이라 상상이 된다.

해외 브랜드와 일하다 보면 피치 못하게 국내 현지화 작업이 필요한데 때로는 브랜드 고유의 속성을 미세하게 틀어야 하거나 강조 포인트를 달리해야 할 경우도 있다. 이런 경우 중심을 잡고 가야하는 본사 직원들은 보수적인 태도를 고수하는 경우가 많다. 하나씩 살짝살짝 바꾸고, 나라마다 바꾸다 보면 전혀 다른 브랜드가 되기 때문에 본사와 해외 여러 나라 파트너사의 협의는 늘 이런 아슬아슬한 밀당의 연속이다.

반대로 어쩔 수 없이 브랜드 특성을 양보하고 현지화를 허용해야 하는 경우도 있다. 영국 〈가디언〉지에 따르면 2013년 이케아는 사우디아라비아 여성들에게 공식적으로 사과를 표명했다고 한다. 사우디아라비아에서 발행한 이케아 카탈로그에서 그 나라의 관습에 따라 남성 모델만 촬영하여 출시했다가 거센 비판을 받았기 때문이다.

필자가 알고 지내는 미국의 한 마케터도 중동에 출장갈 때마다 가짜 결혼반지를 끼고 다니며, 제품 카탈로그를 찍을 때도 때에 따라서는 생각지도 못한 이유 때문에 재촬영하는 경우가 종종 있다고 했다. 스타벅스가 사우디아라비아에 진출할 당시에도, 스타벅스의 상징인 바다의 신 '사이렌' 로고에서 여신을 지우고 왕관만 남긴 채 론칭했다고 한다. 웃지못할 상황이다. 이케아는 곧 이내 제품 카탈로그 사건에 대해서 이는 브랜드의 철학과 신념을 지키지 못했다며 공식 사과를 했다.

미디어와 협업하여 큰 그림 짜기,
〈얼루어〉 베스트 오브 뷰티 어워드

가끔 티비 녹화장에 가면 긴박하게 돌아가는 생동감이 좋다. 전문성으로 똘똘 뭉친 사람들이 바삐 움직이며 카메라가 돌기 전의 분주한 긴장감은 살아있음을 느끼게 해준다.

처음 업무차 방송 녹화에 참관한 것은 2011년으로, 뷰티 전문 채널 온스타일의 '겟잇뷰티'와 〈얼루어〉 '베스트 오브 뷰티'를 공동으로 주최하고 방송으로 제작했을 때였다. 뷰티 전문 라이프스타일 잡지인 〈얼루어〉가 기존부터 매년 진행하던 '베스트 오브 뷰티'라는 시상 컨텐츠를 처음으로 방송사와 협업하여 진행한 사례였다.

수많은 사람들이 참여하고 다양한 의견을 취합해 최고의 제품을 선정하기까지 몇 달이 걸리는 '베스트 오브 뷰티' 과정에서 중간부터 참여한 필자는 선정 과정의 복잡함을 줄여줄 엑셀 모델을 정교하게 짜고 뷰티페어라는 대규모 뷰티 전문 행사를 기획하고 실행하는 일을 맡았다.

식품의약품안전처와 보건산업진흥원이 발표한 자료에 의하면 2017년 기준 국내 화장품 시장은 약 10조 원을 웃도는 규모로 추산된다. 아모레퍼시픽, LG생활건강 산하의 브랜드가 전체에서 47.8퍼센트를 차지하며 나머지 중소기업 화장품업체에서 제조한 화장품 수가 2016년 신고 기준 1만 개를 넘었다고 한다.

한해 쏟아지는 화장품 신제품은 일일이 셀 수 없을 만큼 많다. 이중에서 살아남아 소비자들에게 인식되고, 여성들의 필수템이 되어 밀리언셀러가 되기까지는 기적 같은 운과 제품력, 탁월한 마케팅이 따르지 않으면 안 되는 현실이다. 그리고 소비자 입장에서는 수많은 선택과 정보의 홍수에서 피로와 결정장애를 겪게 된다.

벌써 햇수로 10년이 넘은 〈얼루어〉의 '베스트 오브 뷰티'는 스킨, 아이크림, 보디로션, 핸드크림, 틴트, 프라이머, 마스카라 등 50여 가지의 화장품 분야에 해당하는 후보 제품을 정한다. 그리고 소비자 온라인 투표, 뷰티 전문가 검증, 뷰티 에디터와 뷰티 블로거가 한 달간 블라인드 테스트를 하고 결과를 종합적으로 합산하여 '어워드 위너'와 '에디터스 픽'을 선정한다.

투명한 빈 통에 일일이 화장품을 담고 실제로 한 달간 비교해서 써가며 몇 백 가지의 제품을 테스트 하는 것 자체도 보통 일이 아니지만, 방대한 점수 결과를 집계하여 합산하고 검증하는 것도 여간 고생스러운 일이 아니다. 하지만 그 과정을 통해 어워드 제품으로 선정되면 그만큼 소비자들이 신뢰를 하고 소비한다. 백화점이나 로드숍에서도 〈얼루어〉 '베스트 오브 뷰티' 엠블럼이 붙어 있는 제품은 품절 사례를 보이곤 한다.

필자가 2년 동안 공동기획하고 추진했던 〈얼루어〉 뷰티페어는 각 화장품 브랜드들이 〈얼루어〉 독자들을 대상으로 제품을 시연하고 신제품 홍보와 무료 샘플을 나눠주는 행사로 하루 5,000여 명이 참여하는 대규모 이벤트다. 하루 휴가를 내고 참여할 만큼 뷰티 제품에 관심이 많은 핵심 구매층들이 모든 브랜드 부스마다 다니며 다양한 이벤트에 참여하고 무료 제품들로 구성된 뷰티 키트를 한가득 받아가는 재미가 있다. 사전 신청한 경우 뷰티 클래스도 참석할 수 있으며, 매해 새로운 컨셉으로 열리고 있다.

이 사례에서 필자가 이야기하고 싶은 것은, 어떻게 마케팅 플랫폼을 개발하고 협업하여 확장해가는가다. 쉽게 말해 큰 판을 어떻게 짜는가 말이다. 소위 요즘 유행하는 말인 '빅픽처', '큰 그림'을 그리기 위해서 최소 몇 달, 길게는 몇 년을 투자해야 하는 마케팅 큰 판은 여러 개의 핵심 플랫폼이 유기적으로 시차를 두고, 또는 동시다발적으로 영향을 주고받을 수 있게 해야 한다. 또 고객에게는 끊임없이 다른 채널과 방법으로 한 가지의 메시지가 여러 차례 전달되어 지속적으로 흥미를 가질 수 있게 해야 한다.

큰 힘을 얻기 위해서는 브랜드가 갖고 있는 채널만을 고집해서는 안 된다. 공통의 목표로 합집합을 이루어 외부의 유통 채널과 타 업계의 플랫폼, 방송 및 잡지와 같은 미디어, 공신력 있는 기관이나 단체, 이종업계 브랜드, SNS 채널, 고객 패널 등과 함께 협력해야 한다. 이 중 세 개 정도의 큰 축을 만들어 움직이면, 마케팅 캠페인을 효과적으로 홍보하고 관리할 수 있다. 이보다 더 많으면 메시지가 흩어지고 비용 집행과 효과 측면에서 오히려 비효율적일 수 있다.

앞서 언급한 〈얼루어〉의 경우, 큰 행사를 성공적으로 치른 다음해에 신세계백화점과 협업하여 〈얼루어〉 '베스트 오브 뷰티' 제품을 백화점 1층에 전시했다. 그리고 신청자를 대상으로 샘플 교환이 가능한 쿠폰을 나누어주고 해당 매장을 방문할 수 있게 했다. 각 해당 브랜드와 연계하여 공동 홍보를 펼치고, 이종업계 브랜드인 스타벅스에서도 참여해 신제품 시음코너가 마련됐다.

뷰티페어 행사를 백화점 행사장에서 진행하여 화장품에 관심 많은 구매력 높은 고객을 백화점에 유치하는 것은 물론 가을 화장품 신제품 판매를 끌어올리는 유기적인 성과도 거두었다.

마케터의 창의성이 중요한 협업

해외 유명 그릇들을 보면 브랜드마다 고유한 특징이 있지만 자세히 보면 컬렉션마다 스타일이 다르다. 인기 브랜드들은 여러 디자이너들과 협업하여 시즌별로 그릇 컬렉션을 출시한다. 패턴 디자이너 로타 오델리우스는 스웨덴의 식기 브랜드인 '사가폼'과 협업해 찻잔과 그릇 등 여러 아기자기한 시리즈를 남겼다. 핀란드 대표 주방용품 브랜드 '이딸라'에 소속된 수많은 디자이너 중에는 한국인 디자이너도 있다. 하여 컬렉션마다 디자이너가 누구인지, 그 디자이너가 어떤 것에 영감을 받아 디자인했는지 등 브랜드에서 풀어놓는 비하인드 스토리들은 소장욕구를 자극시키고 그릇을 수집하는 데 부가적인 재미를 부여한다.

북유럽 조명 디자인 분야에서도 핀란드의 국민 건축가라 불리는 알바 알토와 같은 유명 건축가들과 협업해 대중적인 조명을 만들어냈다. 국내에도 잘 알려진 덴마크의 아르네 야콥센, 한스 베그너, 핀 율처럼 산업디자이너 겸 건축가들이 가구 회사와 함께 만든 명작에 가까운 의자 및 가구 제품들이 많다. 원단 디자인의 세계도 마찬가지다. 어찌 보면 다 연결되어 있는 세계다.

이탈리아만 해도 '산업디자인협회'에 등록된 이탈리아 디자이너는 약 1,000명이 넘는다. 북유럽도 디자인 학부에서 시작되어 디자이너 클러스터까지 여러 분야의 디자이너와 아티스트, 건축가 등의 전문 집단을 후원하면서 디자이너의 힘을 키워준다. 브랜드에 소속된 여러 디자이너들이 브랜드의 역사가 되고 타임리스 디자인을 남긴 거장이 된다. 북유럽 생활용품, 테이블웨어, 가전, 가구, 자동차에 이르기까지 디자이너들의 필모그라피를 찾아보고 브랜드가 그 디자이너의 독특함 감성과 세계관을 어떻게 브랜드에 잘 접목했는지 그 노력의 과정을 찾아보는 것도 재미있다.

4차 산업혁명과 함께 자주 거론되는 것은 인간의 창의성이다. 창의성이란 인간의 디자인적 감각과 상상력의 힘에서 발현되는 것이다. 경계와 영역을 구분하지 않고 자유롭게 넘나드는 유연한 사고가 필요하다. 전혀 다른 것의 만남, 재조합, 새로운 해석을 통해 끊임없이 새로운 프리미엄을 만들어갈 수 있기 때문이다.

컬래버레이션은 이미 우리가 흔하게 접하는 분야이고 자주 듣는 말이긴 하나, 의외로 컬래버레이션 과제가 떨어지면 부담감을 많이 가지는 것을 보았다. 스스로가 경계를 갖지 말고 자신 있게 전혀 다른 영역에서 문을 두드려보기도 하고 찔러보면 좋겠다.

필자는 국내에서 열린 패션디자이너 헨릭 빕스코브의 전시회를 보고 많은 영감을 받았다. 그리고 그의 이메일 연락처를 여러 단계를 통해 알아내어 직접 연락한 적이 있다. 물론 그외에도 해외에 있는 브랜드나 아티스트를 찾아 대화를 트는 것에 적극적인 편이다. 필자의 비법을 살짝 공유하자면 아예 컨택포인트가 없을 때에는 대표전화 안내데스크에 전화하거나 웹사이트에 소개된 대표 메일로 시작하기도 한다. 한국에 있는 어떤 일을 하는 누구인데 컬래버레이션 제안 건으로 마케팅 담당자를 찾는다고 말하면 몇 다리를 건너 성공적으로 연결된 적도 있다. 그후 성의 있고 섬세하게 작성된 회사 소개, 브랜드 소개, 컬래버레이션 목적과 제안서등을 보내고 협의를 이어나갈 수 있었다.

　　과감하게 두드리지 않으면 새로운 연결은 시작되지 않는다. 파격적인 혁신은 나 스스로 용감해지는 것에서 시작된다.

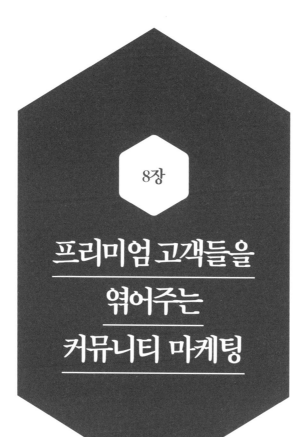

8장

프리미엄 고객들을
엮어주는
커뮤니티 마케팅

2000년대 초반부터 컬트 브랜드, 컬트 마케팅 등 '컬트'라는 마케팅 용어를 심심치 않게 들을 수 있었다. 유명한 모터사이클 브랜드 '할리데이비슨'처럼 강력한 팬덤이 형성된 브랜드와 그를 둘러싼 문화 현상을 일컫는 말이다.

　　애플의 시작도 초반에는 열광하는 소수의 컬트 그룹에서 시작되어 확장된 것이다. 컬트 고객들은 브랜드에 대한 애정이 높고 적극적인 단합과 행동력을 보여준다. 브랜드가 지닌 독특한 가치를 중심으로 집단이 만들어져 제품 개발과 개선 사항을 적극적으로 제시하기도 하고 자체적인 커뮤니티를 형성하여 브랜드 문화를 만들기도 한다. 그것이 다시 다른 사람들의 주목을 끄는 계기가 되어 브랜드 홍보와 커뮤니케이션으로 연결되기도 한다.

커뮤니티 마케팅이란 무엇인가

마케터로서, 특히 해외 브랜드를 직접 다루면서 자주 접하는 말은 '커뮤니티(community)'다. 우리가 알고 있는 '커뮤니티'와는 조금 다른 개념이다. 한국에서는 커뮤니티라는 단어가 인터넷 게시판이나 동호회, 모임과 같은 개념으로 광범위하게 통용되고 있었기에, 커뮤니티의 다른 의미를 어떻게 바꿔 표현할지 어려웠다.

해외 브랜드에서 말하는 커뮤니티란 브랜드가 속한 곳이자 기여해야 하는 대상의 범위를 뜻한다. 넓게는 세계, 해당 국가, 도시의 시민으로 확장할 수 있고 좁게는 지역구 단위의 지역민들, 특정 집단 단위의 고객층으로 말할 수 있다. 이것을 압축하여 '커뮤니티' 관련 브랜드 홍보 자료를 '지역사회'라고 바꿔 표현하기도 했다. 하지만 이래도 저래도 한국인들에게 착 붙지 않는, 영 표현이 어려운 개념이다.

최신 마케팅 이론에서도 주목하고 있는 '커뮤니티'란 개념은 브랜드의 독특한 가치를 알아봐주고 지향하는 바에 공감할 수 있는 지역사회와 고객들을 일컫는다. 이 커뮤니티에 참여하는 고객들은 해당 브랜드의 가치를 인정하고 충분히 즐길 줄 알며, 브랜드가 지향하는 철학과 함께 뜻을 같이 한다.

그리고 비슷한 고객층과 함께 교류하며 심리적인 유대감이 구축되고 자연스러운 접점을 통해 뭉치게 된다. 같은 브랜드를 알고 있고 쓰고 있다는 것만으로 유대감이 형성되며, 브랜드가 주최하거나 브랜드 매니아들이 주최하는 이벤트나 작은 규모 모임에 적극적으로 참여해 교류하기도 한다. 컬트와 비교하자면 기존의 매니악에 가까운 컬트 그룹보다 좀 더 순화되고 외부 그룹에 대해 개방적이라는 차이가 있다.

최근 커뮤니티 마케팅을 펼치는 브랜드의 공통점은 그들이 속한 지역 사회에 긍정적인 사회 기여를 하고자 한다는 것이다. 제품 개발부터 사후관리까지 올바른 브랜드 철학을 실천하고자 하며, 그 차이를 알아주는 고객들에게 긍정적 가치를 주고 싶어 하기 때문이다. 착한 생산을 하는 브랜드와 착한 소비를 하고자 하는 심리가 맞물려 돌아가는 것이 요즘 해외에서 주목하는 커뮤니티 마케팅이다.

음악 축제로 강력한 커뮤니티를 구축한
샐러드 브랜드, 스위트그린

대학생 창업에서 시작해 2018년 2월 기준 87개까지 주요 대도시에서 매장을 늘려가며 매년 연간 50퍼센트 이상 성장해

오고 있는 샐러드브랜드가 있다. 샐러드계의 스타벅스, 하이엔드 샐러드라고 불리며 바쁜 직장인들과 밀레니얼 세대들의 도심 속 생활의 일부가 된 스위트그린의 성공요소는 여러 가지가 있지만, 우선 해당 지역에서 생산되는 농가의 농산물을 사용하여 지속가능한 비즈니스 모델을 구축했다는 점이다.

'농장에서 고객까지(Farm-to-counter)'라는 슬로건하에, 농부와 고객들을 바로 이어주는 공급망을 운영하며, 잘 쓰여지지 않고 버리는 채소들을 세프들과 협업하여 맛있는 샐러드 메뉴로 개발하기도 한다. 지역 인

스위트그린이 주최하는 음악페스티벌 스위트라이프는 볼거리와 즐길거리가 넘쳐난다. 젊은이들 사이에서는 신나게 즐기기 위한 위한 꿀팁들을 인터넷에 올리는 등 핫한 행사로 자리매김했다. 단기간에 매진되기로 유명한 스위트라이프 페스티벌 티켓을 얻는 또 하나의 방법은, 스위트그린 매장에서 1년간 250달러 이상 구매해 블랙등급 회원이 되는 것이다.

근의 초등학교를 방문하여 어린이들에게 채소 이야기와 바른 식생활에 대한 무료 교육 프로그램도 제공해오고 있다. 스위트그린은 샐러드바에서 나는 이익의 10퍼센트를 농업과 아이들 교육을 위해 쓰고 있다고 한다. 새로 오픈하는 도시 주변 농가들과 협업 체계를 만들고, 지역마다 계절마다 다른 메뉴를 개발하여 지역과 환경을 선순환시키는 모델을 만들고 있다.

그러나 맛있고 지역농가를 생각하는 착한 샐러드 브랜드 이미지만으로는 수십여 곳의 하이엔드 샐러드매장을 운영하기가 쉽지 않다. 개인적인 성향이 강한 밀레니얼 세대를 중심으로 형성된 강력한 커뮤니티를 구축하고 샐러드를 넘어 라이프스타일 브랜드로 단기간에 자리잡은 또다른 성공 요인은 바로 음악이다.

매년 워싱턴 D.C.에서는 스위트라이프라는 스위트그린이 주최하는 대규모의 음악 페스티벌이 열린다. 락페스티벌이나 재즈페스티벌 등 대규모의 관객들이 축제처럼 참석하는 행사로, 매년 2만여 명 이상이 다양한 공연을 즐기고, 요가나 야외 활동을 함께하며 샐러드, 주스 등 스위트그린의 건강 메뉴들을 마음껏 즐긴다. 매년 스위트라이프는 볼거리와 즐길거리가 넘쳐난다. 젊은이들 사이에서는 신나게 즐기기 위한 위한 꿀팁들을 인터넷에 올리는 등 핫한 행사로 자리매김했다.

단기간에 매진되기로 유명한 스위트라이프 페스티벌 티켓을 얻는 또 하나의 방법은, 스위트그린 매장에서 1년간 250달러 이상 구매해 블랙등급 회원이 되는 것이다. 한끼 식사로 꽤 양이 많은 샐러드가 평균 10달러 정도이니, 1년에 25번 정도 이용하면 충분히 될 수 있는 등급이다. 연간 사용금액에 따라 그린, 골드, 블랙 회원 등급으로 올라간다. 이런 로열티 프로그램으로 재방문율을 높이고 스타벅스 커피처럼 규칙적으로 찾는 일상 속 브랜드가 되었다.

필자 또한 뉴욕 출장 때마다 점심 샐러드를 사자고 직원들을 자주 이끌고 가던 곳이었다. 스위트그린 매장에 들어서면 화이트톤의 넓직한 실내와 컬러풀한 헤어 반다나를 두른 매장 직원들이 인상적이었다. 원하는 채소와 드레싱을 고르고 다양한 토핑을 선택하는 라인을 따라 이동하면서 활기넘치는 스태프들과 짧은 대화를 주고받는다. 그러면서 긍정적이고 건강한 한낮의 에너지를 받곤 했다. 스타벅스의 사이렌오더처럼 모바일앱으로 미리 주문해놓을 수도 있어 젊은층의 뜨거운 사랑을 받고 있다.

스위트그린 사업의 첫 시작은 워싱턴 D.C.의 조지타운 대학에서 만난 대학 친구 세 명의 창업 프로젝트였다. 공동 창업자 니콜라스 자멧과 조너선 네만, 너대니얼 루의 창업 자금은 40명의 친척들을 설득하여 투자받은 30만 달러, 우리 돈으로 약 3억 원이었다. 40명으로 나누면 한 명당 7,500달러(약 817만 원)의 투자가 2015년 기준 만 배에 가까운 7,500만 달러(약 817억)으로 추산되고 있다.

현재는 뉴욕 레스토랑 업계의 대부 대니 마이어를 비롯해 각계의 투자자로부터 9,500만 달러(약 1,011억 원)를 투자받는 등 그 가치가 더 높아질 것으로 예상되니 친척들은 잘나가는 샐러드 브랜드의 초기 투자자가 된 셈이다.

처음 스위트그린은 2007년에 손바닥만 한 자리에 작은 샐러드 가게를 열고, 전세계에 경기 불황이 강타했던 2009년 4월경에 두 번째 가게를 듀퐁서클에 열었는데 말 그대로 손님이 한 명도 없었다고 한다. 젊은 공동 창업자 세 명은 머리를 맞대어 손님을 끌어들일 핵심 전략으로 음악과 음식의 시너지를 생각해냈다. 20대 초반의 학생들이었기 때문에 어쩌면 진지하고 무거운 전략보다는 쉽게 생각할 수 있는 묘책이었다. 그들은 신나는 음악을 틀고 샐러드 샘플을 사람들에게 나눠주자는 단순한 아이디어에 의견을 모았다.

과학 기반의 라이프스타일 잡지 〈그레이터 굿 매거진〉에 실린 '음악이 어떻게 사회적 결속력을 높여주는가(Four Ways Music Strengthens social bonds)' 기사에는 어떻게 음악이 사회적 결속력을 높여주는지에 대해 과학적으로 분석한 내용이 있다. 여러 가지 실험 사례에 따르면 음악은 다른 이들과 교류하고 협력하기 쉽게 마음을 열어주고, 두 번째는 옥시토닌 분비를 높여 타인에 대한 믿음감을 높여준다고 한다. 또한 음악은 공감력을 끌어 올려주며, 마지막으로 음악을 듣게 되면 안정감을 느끼고 사회적 결속력이 강해진다고 한다.

그들은 주말마다 주차공간에서 작은 공연을 열었다. 어떤 뮤지션의 음악을 틀지가 가장 큰 고민거리였다. 큰 스피커를 구매해서 샐러드 가게 안에 들여놓고, 기타도 놓고, 외부에는 나름대로 선곡한 음악을 틀었다. 그리고 3주 내내 주차장 한켠에서 작은 음악 공연을 하면서 샐러드 샘플을 열심히 나누어 주었다고 한다.

이러한 시도를 바탕으로 지금과 같은 대규모 스위트라이프 페스티벌은 2010년부터 시작됐다. 작은 주차공간 음악행사에서 시작한 것이 이제는 명실상부 워싱턴 D.C.의 대표적인 대규모 음악 축제로 발전한 것이다. 그리고 샐러드 판매 매출도 함께 끌어올리는 지속적이고 강력한 축이 되었다.

캐나다에서 시작해 만리장성을 정복한
요가복계의 샤넬, 룰루레몬

　　요가복의 샤넬이라 부르며 전세계 요가복 열풍을
일으키고 있는 캐나다 룰루레몬 애슬래티카(이하 룰루레몬)은 두 자릿수 성
장을 이어가며 2017년 9억 500만 달러(약 1조 원)의 매출을 기록했다. 룰
루레몬은 에슬레저(athleisure, '가벼운 스포츠'라는 의미로 운동경기와 레저를 합친 스포츠웨
어 업계의 용어)룩 바람을 일으키며 기능성이 뛰어나면서도 몸매를 보완해
예쁜 라인을 잡아주는 운동복을 판매하고 있다. 원래 몸매가 좋은 사람
도 룰루레몬의 옷을 입으면 날씬한 착장감을 주어 몸매의 장점이 더욱
더 살아난다고 한다.

　　국내에서 판매되는 가격을 보면 2017년 기준 요가매트 93,000원,
스포츠브라와 탱크톱의 기능을 하는 풀 프리덤 브라 78,000원, 기능성
레깅스와 같은 타이츠가 184,000원 정도다. 할리우드의 몸매 좋은 여성
셀러브리티의 파파라치샷에서 종종 보이던 예쁘고 건강미 넘치는 레깅
스가 바로 에슬레저룩이다. '원마일웨어(1 mile wear)'라는 애칭과 함께 집
앞 반경 1마일(약 1.6킬로미터) 정도 내에서 입고 다녀도 스타일리시한 제품
이라는 것을 적극 홍보했다.

　　나이키, 아디다스, 리복, 푸마 등 메이저 브랜드들이 치열하게 시장
점유율을 다투는 시장에서 룰루레몬은 다소 조용하게 시작했지만 정확
한 니치(틈새)마케팅으로 존재감을 드러내었다. 원래 룰루레몬은 1998

룰루레몬은 단순히 물건을 파는 매장이 아닌 심미적이고 정신적인 아름다움을 가꾸고 건강한 운동 생활을 할 수 있도록 서로 도와주는 공간이다. 운동상담 →커뮤니티 클래스 신청 →운동의 습관화 →브랜드 마니아로 연계되는 과정을 만든 것이다. 이 과정 속에서 자연스럽게 룰루레몬의 제품 판매가 이루어진다.

년에 캐나다 출신 칩 윌슨이 남성 트레이닝복 사업으로 시작한 브랜드다. 이후 여성 CEO 크리스틴 데이가 룰루레몬을 맡으면서 여성 요가복에 집중했다.

　룰루레몬은 요가, 조깅, 필라테스, 등산, 줌바 등 최근 20년간 성장해온 다양한 종목 중에서 먼저 요가에 집중했다. 처음에는 매장이 위치한 지역에서 활발히 활동하는 영향력 있는 베테랑 요가 강사와 퍼스널 트레이너, 피트니스 관계자들 중 20명을 먼저 선정하여 그들과 지속적인 교류를 통해 브랜드를 알렸다고 한다. 광고보다는 요가 커뮤니티로 마케팅 대상을 좁혀 핵심 타깃에 집중 소구한 것이다.

　룰루레몬은 인기 클럽의 강사와 패션 피플 등 다양한 요가 관련 인플루언서들에게 룰루레몬의 제품을 착장하게 했다. 룰루레몬의 옷을 입고 섹시하면서도 몸의 아름다운 선을 잘 보여주는 역동적인 요가 장면을 촬영하여 매장에 전시했다. 그리고 고객은 자연스럽게 요가관련 핵심 관계자와 요가 스튜디오를 찾는 영화배우, 셀러브리티, 클래스 수강생 등으로 점차 확대되었다. 자기 관리를 열심히 하는 할리우드 스타 모델 켄달 제너, 리즈 위더스푼 등이 룰루레몬 옷을 입고 찍힌 파파라치 샷을 보면 한번쯤 관심이 가게 마련이다. 이를 시작으로 주요 도시의 유명 요가 스튜디오에 룰루레몬 제품을 무료로 지원하고, 각 매장마다 자체 커뮤니티 이벤트를 기획하고 열 수 있도록 후원했다.

이렇게 지역 사회에 요가 관련 활동을 지원함으로써 룰루레몬을 좋아하는 사람들이 자연스럽게 늘어났다. 함께 운동하고 서로를 챙겨주며 정신적 유대감을 가질 수 있도록 마케팅을 펼친 것이다.

룰루레몬 매장에서 판매 점원은 실제로 피트니스 트레이너나 요가 강사이기도 한데, 점원을 선생님(에듀케이터, Educator), 고객을 게스트(guest)라고 칭하는 이유이기도 하다. 룰루레몬 매장은 단순히 물건을 파는 매장이 아닌 심미적이고 정신적인 아름다움을 가꾸고 건강한 운동 생활을 할 수 있도록 서로 도와주는 공간이다. 운동상담 →커뮤니티 클래스 신청→운동의 습관화→브랜드 마니아로 연계되는 과정을 만든 것이다. 이 과정 속에서 자연스럽게 룰루레몬의 제품 판매가 이루어진다. 이제 룰루레몬은 요가뿐 아니라 러닝, 피트니스, 사이클, 수영, 서핑 등으로 범위를 넓히며 다양한 기성 운동복을 만들고 있다.

필자는 룰루레몬과 브랜드 협업을 논의하기 위하여 미팅차 룰루레몬 코리아 청담점 플래그십 스토어를 방문했다. 일전에 다른 행사에서 서로 인사한 적이 있는 마케팅 담당자는 매장 곳곳을 소개시켜주었다. 한국 매장 역시 단순히 옷과 기구만 파는 곳이 아니었다. 지하 1층에서는 요가 클래스가 상시적으로 무료로 진행되고 있으며, 요가 후 샤워할 수 있는 샤워시설과 파우더룸까지 완비되어 있었다. 그 뒤 함께 간단한 다과나 모임을 할 수 있는 큰 테이블이 매장 2층에 놓여 있었다.

여성 고객이 많았지만, 남자를 위한 요가인 브로가(bro+yoga) 클래스도 운영되고 있다. 국내에서는 페이스북과 공식 블로그에 커뮤니티 클래스 관련 일정을 업데이트하고 있는데, 누구나 무료로 신청하여 참가할 수 있다.

이전에는 혼자 운동하고 끝나자마자 씻고 집에 오기 바빴지만 커뮤니티에 속해서 참여하면 연대감이 쌓이고 관개가 맺어지며 브랜드에 대한 애정이 높아진다. 오프라인 체험 이벤트를 많이 진행할수록 요가 인구가 성장할 수밖에 없다. 룰루레몬 코리아 역시 광고보다는 1:1 직접적인 커뮤니티 소통을 맺어가며 니치마켓(틈새시장)을 확장해나가고 있었다. 일과 건강, 내적 외적 아름다움을 추구하는 적극적인 여성들을 대상으로 이벤트를 열고 브랜드 앰버서더가 되도록 하여 브랜드가 자연스럽게 지역사회에 뿌리내리게 한 것이다.

룰루레몬는 매장을 '운동과 대화의 장'이라고 일컫는다. 고객들이 자주 매장에 들릴 수 있도록 유도하고, 대화를 나누고 게스트의 이름을

피트니스 시장이 폭발적으로 크고 있는 중국 시장에서 룰루레몬은 신중산층 고객을 사로잡으며 급격한 성장세를 보이고 있다. 2017년 2분기 룰루레몬 매출이 아시아 시장은 전년 동기 대비 70퍼센트 성장했지만 중국은 무려 350퍼센트가 늘었다.

가능한 기억해주려고 노력했다고 한다. 프린스턴대학교 심리학 교수인 수잔 스피크와 마케팅 전문가 크리스 말론이 쓴《어떤 브랜드가 마음을 파고드는가: 브랜드와 심리학의 만남》이라는 책에 크리스틴 데이 전 룰루레몬 CEO의 인터뷰가 있다. 왜 맨해튼 룰루레몬 매장에 간판을 달지 않았는지 물어보자 그는 이렇게 답했다.

"룰루레몬의 성공 비결은 룰루레몬 간판이 아닙니다. 그 지역 커뮤니티를 존중하며, 커뮤니티 활동에 적극적으로 참여한 데 있습니다. 룰루레몬 간판만으로 고객을 매장에 들어오게 만들 수는 없습니다."

룰루레몬의 모임은 매장을 벗어나 사람이 모일 수 있는 모든 곳에서 다양하게 전세계에서 진행되고 있다. 대형 쇼핑몰 복도나 야외 공원, 바다 모래사장, 산, 궁, 호수, 관광지 등에서 열리고 있다. 한국에서도 하야트호텔 아이스링크장이나 대형 쇼핑몰, 공원 등 도심 곳곳에서 커뮤니티 클래스를 진행하기도 했다.

2013년 중국 상하이와 베이징에 4개의 매장을 오픈한 룰루레몬은 중국 플래그십스토어 오픈에 맞춰 개최한 대규모 행사를 개최했다. 중국 자금성과 만리장성에서 수많은 고객들이 모여 함께 요가를 하는 커뮤니티 이벤트를 연 것이다. 모든 고객들에게 참여 기회를 열어놓았는데, 천안문에서 열린 이벤트에는 1,000명이 참여했을 정도로 규모가 대단했다. 이 이벤트는 중국의 온라인 쇼핑몰 티몰을 통해서 생중계로 보여주었고, 중국 젊은이들의 시선을 한번에 끌었다.

피트니스 시장이 폭발적으로 크고 있는 중국 시장에서 룰루레몬은 신중산층(연소득 15만 위안, 한화로 약 2,500만 원 이상의 소득을 올리며 질좋은 상품 구입과 새로운 지식습득, 여가활동, 건강관리에 투자를 아끼지 않는 중국의 25~40세 소비자층을 뜻하며, 세계 시장의 큰손으로 급부상하고 있다.) 고객을 사로잡으며 급격한 성장세를 보이고 있다. 2017년 2분기 룰루레몬 매출이 아시아 시장은 전년 동기 대비 70퍼센트 성장했지만 중국은 무려 350퍼센트가 늘었다.(〈어패럴뉴스〉, 2017년 9월 7일 기사)

매력적인 인맥을 연결해주는
사무실 공유 서비스, 위워크

평소 아끼는 회사 후배 중 하나가 위워크를 국내에 오픈하게 되었다며 연락을 했다. 당시 비교적 안정된 대기업 직장을 박차고 나와 시작하게 된 일이 위워크 코리아 커뮤니티 매니저였다. 커뮤니티 매니저? 커뮤니티 매니저가 어떤 일을 하는지 궁금했다.

위워크(wework)는 2010년, 뉴욕의 금융 위기 이후 직장을 잃고 새롭게 소규모로 시작하고자 하는 사람들을 위해 공유 사무실 서비스를 운영하며 시작된 사무실 공유 비즈니스다. 한국에서는 강남역의 가장 금싸라기 자리에 위치한 빌딩의 10개 층을 통째로 빌려 개방적이고 세련된 분위기의 큰 사무실을 운영하고 있는데, 여러 이용자들이 필요에 맞게 다양한 금액으로 사무실을 공유하는 컨셉이다. 현재는 서울 강남점과 을지로점 등 23개 세계 주요 대도시에서 운영중이며, 전세계 45,000명 이상의 회원을 보유하고 있고 등록된 회원사가 9,000개가 넘으며 성장 속도가 가파른, 주목해야 할 기업으로 성장했다.

일전에 필자가 뉴욕 출장 때 방문한 패션 에이전시 사무실이 있었다. 패션 디자이너와 미디어를 연결해주고 미국 바이어와 한국 디자이너, 브랜드 사이에서 홍보와 커뮤니케이션을 전문으로 하는 회사로, 한국인 출신의 젊은 여성이 멋지게 일하고 있는 사무실이었다.

영화 '인턴'에 나왔던 사무실처럼 개방적인 구조에 화이트 계열의

2015년 미국의 경제전문지 〈패스트 컴퍼니〉가 행사 기획 부문 가장 혁신적인 회사로 뽑은 위워크의 비즈니스 핵심은 사실 사무실 공간 임대가 아닌 커뮤니티다. 커뮤니티 매니저는 작은 규모의 모임을 계속해서 만들고, 앱을 통해 회원들에게 다양한 모임에 참석하도록 유도한다.

밝은 벽으로 된 유니온스퀘어의 사무실은 사실 여러 창업자들이 함께 공유하는 사무실이었다. 바로 옆 책상은 앱 개발 회사였고, 그 옆 파티션 구역은 그래픽 디자인 회사인 셈이었다. 구역 구분이 거의 없어서 마치 하나의 큰 회사 사무실 같았다. 응접실, 회의실이나 탕비실, 복사기, 화장실 등은 함께 공유하는 시스템이었으므로 임대료 비싼 맨해튼 한복판에서 멋진 사무실을 갖추고 일할 수 있었던 것이다.

　필자가 2년간 쇼핑몰을 기본으로 하는 회사를 운영하면서 가장 힘들었던 것은 운영비였다. 사무실과 물류창고 임대료에 회사 운영에 드는 고정비용까지 매달 나가는 금액이 큰 부담이었다. 만족할 만한 감각적인 사진을 얻기 위해 사무실 한켠에 스튜디오도 만들었지만 나중에는 조명 장비, 카메라 등을 헐값에 되팔면서 비효율적인 사무실 비용을 뼈아프게 치른 기억이 있다.

사무실 운영비용보다 더 힘들었던 것은 여러 문제에 부딪힐 때나 직원들과 중요한 업무를 해결해나갈 때 외부의 인적 네트워크나 다양한 자원들을 효율적으로 활용하지 못한 것이었다. 만약 비슷한 업종이나 연계성이 높은 직종의 사람들과 같은 공간에서 일했다면 비용과 업무 측면에서 효율이 높아졌을 것이다. 업무적으로나 심리적으로 어려움이 있을 때에도 정신적으로 덜 고립되었을 것 같다. 요즘은 많은 창업회사들이 공유 사무실 서비스를 알차게 이용하고 있어 운영비나 고정비 부담이 상대적으로 적고, 비슷한 일을 하는 사람들과의 시너지를 만들 수 있다.

한번 간단한 팀워크 회의차 하루 위워크의 사무실을 빌려 이용해보았다. 1인 프리랜서, 1인기업에서부터 소규모 인원의 벤처기업, 대기업이나 외국계기업의 특정 신생 부서, 작가, 아티스트, 번역가 등 다양한 규모와 업계 사람들이 다양한 규모로 구성된 사무실을 기간별 계약하여 이용하고 있었다. 다른 공유 사무실과 다른 점은 높은 개방성이었다. 따로 카페에 가지 않아도 카페 공간이 있어 그곳에서 일하거나 미팅을 할 수 있었고, 모든 사무실과 회의실은 투명한 유리로 되어 일하는 모습을 볼 수 있었다. 유리로 된 방들이 하나의 회사이기도 했고, 벤처 기업이기도 했다.

한 대기업의 신생 주류 브랜드 론칭을 위한 태스크포스팀도 팀 채로 옮겨와 일하고 있기도 했다. 자유로운 분위기에서 더 생산적인 결과물을 만들 수 있기 때문이다. 옆 사무실 사람과 자연스럽게 말을 걸 수도 있고, 무제한 이용 가능한 커피와 수제 맥주를 마시면서 자유롭게 회의를 즐기고, 널찍한 소파들과 큰 테이블이 있는 공용 공간에서 여유롭게 일하는 사람들이 많았다.

저녁 이벤트 행사에서는 회원들이 모여 소규모 음악 공연을 즐기기도 하고 자연스럽게 어울리면서 함께 네트워크를 넓혀나가기도 했다. 혼자서 사무실을 빌리기보다는 필요한 시간과 규모에 맞게 실용적으로 단기 사무실을 이용할 수 있었고 탕비실, 회의실, 사진촬영 스튜디오 시설, 복사기까지 모두 함께 쓸 수 있었다.

사무실 공간, 그 이상의 시너지

2015년 미국의 경제전문지 〈패스트 컴퍼니〉가 행사 기획 부문 가장 혁신적인 회사로 뽑은 위워크의 비즈니스 핵심은 사실 사무실 공간 임대가 아닌 커뮤니티다. 커뮤니티 매니저는 작은 규모의 모임을 계속해서 만들고, 앱을 통해 회원들에게 다양한 모임에 참석하도록 유도한다. 회원 개개인에 대해 이해하고 연결이 필요한 인맥을 연결해주며 회원들의 관심사를 반영한 모임이나 소규모 행사를 기획하고 만든다.

위워크 앱을 통해서 세계 모든 이용자들과 연결이 가능한데 이 플랫폼이 거대한 커뮤니티를 이룬다. 지점을 구분하지 않고 해피아워, 패널 토의, 연사 강연, 데모 시연, 책 사인회 등 각종 정보를 공유하고 교류하는 모임 등에 참여할 수 있다. 또한 월요일 오전 티타임, 핼러윈파티, 워크샵, 소규모 공연 등 자연스러운 이벤트가 끊임없이 열리고 있다.

한국인은 처음에 대부분 모르는 사람끼리 낯을 가리지만 어느샌가 끈끈한 친목이 형성되어 네트워크를 증폭시키는 특징이 있다고 한다. 프리랜서와 벤처기업이 힘을 합치기도 하고, 전혀 다른 영역의 프리랜서들이 모여서 새롭게 프로젝트를 벌인다고도 한다.

다양한 분야의 사람들에게 의견을 듣기도 하고 함께 창업을 하거나 팀원이 되는 등 사무실의 경직된 분위기에서는 어려웠던 창의적인 일들이 벌어지고 있다. 해외 출장을 갈 때도 그 나라의 위워크 사무실에 가서 자연스럽게 필요한 인적 네트워크를 소개받을 수 있고 업무를 처리할 수 있다. 같은 브랜드의 사무실을 쓰는 것만으로도 네트워크가 해외로 확장되는 것이다.

저녁에는 전문가의 강의나 요가, 와인 클래스 등을 통해 커뮤니티를 만들고 장을 형성한다. 사람과 사람을 이어주는 커뮤니티 마케팅을 통해 지속적으로 성장 드라이버가 될 마케팅 채널을 구축하는 셈이다.

핵심 바이러스 전파자를 찾아라

경제학 용어 중 '파레토 법칙'이라는 말이 있다. 이 탈리아의 경제학자 빌프레도 파레토가 주장한 이론으로, 전체 성과의 80퍼센트는 전체 인원 중 20퍼센트에서 비롯된다는 의미다. 유행을 탄생시키고 주도하는 일도 전체 인원 중 선두에 있는 20퍼센트가 그것을 움직이는 것 같다.

내 주변에는 자연주의출산으로 자녀를 출산한 사람이 4명이다. 두 번째 아이까지 계산하면 총 5명의 아이가 자연주의출산으로 태어났다. 자연주의출산은 자연분만과 달리 의학적인 촉진제나 무통주사, 약, 회음부 절개, 수술 도구 등을 가급적 사용하지 않고 산모와 남편의 보조, 옛날 산파와 같은 역할을 하는 사람의 도움을 받아 낳는 방법이다.

병실 밖에서 남편이 초조하게 기다리는 기존 자연분만과는 달리 남편도 산모가 진통하는 과정 동안 산모 마사지와 허리찜질, 호흡법 등을 같이 하며 출산에 참여한다. 국내에서도 여러 병원에서 자연출산을 진행하고 있으며, 의료진은 응급상황을 대비하여 곁에서 상시 대기하지만 온전히 산모와 조산사의 도움으로 아이를 낳는 과정이다.

진통제나 촉진제등을 투여하지 않기 때문에 산모가 감당해야 하는 고통이 더 클 수도 있으며 병원비도 일반 분만 병원보다 더 든다. 출산 전부터 식단을 조절하고 부부가 함께 여러 차례 교육을 받아야 하며 자연스러운 출산 시점까지 기다려야 한다. 진통이 시작돼 출산에 소요되는 시간이 이틀을 넘어갈 수도 있다. 이렇게 태어난 내 주위의 5명의 아이들은 건강하게 잘 자라고 있고, 산모들의 회복 기간이 짧다는 것도 장점이라고 한다.

의료시술이 익숙한 요즘 같은 시대에 처음 듣는 사람에게는 다소 놀라운 출산방법이기도 하다. 왜 내 주위에 이렇게 우리나라에서는 흔하지 않은 자연출산 사례가 5번이나 있을까? 이유는 딱 하나다. 나의 친구 중 자연적인 삶을 추구하고 화학적인 화장품이나 인공적인 제품을 멀리하며 스스로 공부해서 본인만의 육아법을 찾아가고 있는 친구가 있다. 그 친구와 만나게 되면 현재 고민하고 있는 것들, 새로 찾아낸 해외 브랜드, 추구하는 육아방식 등 이야기가 무궁무진하다. 아이가 없는 나는 주로 듣는 역할이지만 함께 출산, 육아를 경험한 친구들은 본인의 경험까지 추가하며 이야기를 증폭해나간다.

우리 모임에서 적극적인 추천과 경험을 공유하는 그 친구가 핵심 바이러스 전파자인 것이다. 대체로 그 친구가 추천한 해외 제품들이나 찾아주는 레스토랑 등이 좋은 경험이었고, 항상 추천할 때 몇 가지 의견과 정보를 주므로 통계적으로 신뢰도가 많이 올라가 있다.

함께 운동하며 당신을 찾으세요,
소울사이클

미국 MBA 유학 시절, 마케팅 수업에서 같은 반 친구에게 곰인형을 주는 치과 사례를 들은 적이 있다. 치과 치료가 무서웠는데 의사선생님이 그에게 작은 곰인형을 선물해줬고 그걸 손에 꼭 쥐고 무서운 치과 치료의 순간을 잘 넘겼다고 했다. 그 친구는 나중에 커서 그 치과 곰인형을 받아본 친구를 우연히 만나게 되면 묘한 동질감과 추억이 떠오른다고 했다. 그랬더니 그 수업에서 "나 그 인형 아직도 있어"하는 친구도 있었다.

최근 한국 피트니스 센터에서 스피닝이라는 그룹 운동 프로그램이 많이 개설되고 있다. 실내자전거를 타며 음악에 맞춰 춤을 추는 고강도 운동으로 다이어트에 효과가 좋다고 한다. 뉴욕 및 대도시에는 스피닝 전문 스튜디오로 운영되는 소울사이클이 있다. 미국을 넘어 캐나다에도 진출했고 기업상장을 준비하고 있다고 알려진 소울사이클은 74여개 스튜디오를 운영하고 있다.

집에서 이미 빨래걸이가 된 실내자전거와 소울사이클의 차이는 무엇일까? 페달을 굴리고 살을 빼는 것은 동일하지만, 소울사이클에서는 트레이너(강사)와 스튜디오 위치, 시간대 등 다양하게 프로그램을 선택해 매번 새로운 커뮤니티를 만날 수 있다는 것이다. 최근에는 '(당신을) 찾으세요(Find it)'라는 광고 캠페인을 전개하고 있다. 지금 열심히 운동하고

충분히 아름다워지고 있으며, 멋진 꿈을 차근차근 이뤄가고 있는 당신을 찾으라는 의미인 듯하다.

레몬을 연상시키는 노란색 자전거 바퀴 모양 로고가 인상적인 소울 사이클 스튜디오에는 레몬 색상을 활용한 자체 운동복과 용품을 개발해 판매하고 있다. 피트니스 센터에서 같은 로고가 새겨진 옷을 입고 운동하다 보면 회원들 간에 동질감을 느끼게 된다. 곰인형을 꼭 쥐며 무서운 치과 치료를 이겨낸 아이들이 커서 각자의 꿈을 좇고 일을 하다 같은 치과 경험을 한 사람을 만나면 반가워지듯이 건강해지고 싶은 도시의 젊은 사람들이 함께 모이는 사랑방 같은 커뮤니티가 된 것이다.

친구가 가장 정확한 고객이다

최근 발암물질 관련 논란이 일어나기 훨씬 전 생리대 광고의 핵심 메시지는 '새지 않는다', '활동하기 편하다' 등이 많았다. 10년 전쯤에 알게 된 동갑내기 회사 동료의 친구가 유명한 생리대 회사 마케팅팀에 다니고 있었다. 재미있는 것은 그는 남자였다. 한 번도 이용해본 적 없고, 앞으로도 이용할 필요가 없는 제품을 어떻게 마케팅할 것인가? 물론 그 혼자서 마케팅하는 것은 아니니 큰 문제가 되지 않았을 것이다. 하지만 그는 직접 가끔 생리대를 차고 다닌다고 했다. 직접 사용하면서 여성 고객들이 느끼는 심리를 이해하고 싶었기 때문이라고 한다. 요즘 말로 웃픈 사연이다.

필자도 필자가 한 번도 사용하지 않을 제품을 다룬 적이 있다. 북유럽스타일 침구류와 리빙 소품 쇼핑몰에서 판매하던 방수요라는 제품이었는데, 방수요는 기저귀를 뗀 아이들이 가끔 밤에 실수를 해도 침대나 바닥이 젖지 않도록 해주는 특수 제작 요다.

겉으로 보면 일반 요와 같지만, 뒷면은 부드러운 방수천으로 덧대 있어서 밤새 실수를 해도 요만 걷어 세탁기를 돌리면 되는 상품이다. 어린 아이를 둔 엄마들에게 인기 있던 방수요는 당시 결혼 전인 데다 육아에 대해 무지한 내게 전혀 생소한 제품이었다. 당시 유행하던 심플하고 모던한 북유럽풍 디자인을 적용하여 알록달록하지 않고 세련된 톤의 유아용 방수요를 만들었고, 덕분에 판매가 잘 되었다. 주부 블로거들과 자주 소통하고, 별도 정기 모임을 만들어 제품에 대한 다양한 의견들을 들어가며 글로 육아를 배우며 제품을 만들었던 기억이 있다. 방수요를 쓰는 가정에서 밤새 어떤 일이 일어날지, 아이가 실수한 다음날 빨래와 건조 과정에서 어떤 일이 일어나는지 직접 경험할 수 없지만 최대한 많은 육아맘들의 이야기를 들으려고 했다.

최종 고객과의 소통 전에 항상 이건 어때? 어떨까? 하는 궁금증을 안전하게 테스트할 사람은 친구나 가족이다. 물론 사내 설문조사도 중요하겠지만, 특정 회사와 브랜드에 소속되어서 일하는 공동 집단은 이미 그 제품을 친숙하게 잘 알고 있고, 공통의 목적을 갖고 있기 때문에 회사와 상관없는 지인들에게 물어보면 의외로 많은 팁을 얻는다.

가감없이 단번에 튀어나오는 대답들 속에 많은 정답이 숨어 있다. 컨셉이 너무 어렵다거나, 별로 와닿지 않는다거나, 좋아보이지만 살 것 같지는 않다거나, 짧게 물어보고 바로 튀어나오는 직관적인 반응들을 모으면 실제 고객들의 반응과 비슷한 점이 많다. 미리 그 불편할 것 같은 사항과 의문점, 숨겨진 니즈를 찾아 한번 거르는 과정인 셈이다.

옷을 사러갈 때는 어떤가? 내가 잘 보이고 싶은 사람, 내게 잘 보이고 싶은 사람과 사러 가면 객관적인 결정이 어려울 때가 있다. 잘 보이고 싶은 사람 앞에서 이옷 저옷 다 입어 보기도 어렵고, 내게 잘 보이고 싶은 사람은 그 옷 어울리지 않는다는 평을 말해주지도 못하기 때문이다. 하지만 친구랑 쇼핑을 가면 평가는 냉정하면서도 정확하다. 예를 든다면 "너는 그런 색깔 안 어울려", 박시한 옷을 걸치면 "거적대기 같다",

포근한 원단의 스웨터를 걸치면 "뚱해 보인다" 이런 냉정한 평가들이 어찌 보면 내게 가장 잘 어울리는 옷 스타일을 찾는 데 도움이 된다.

고객에 가기 전 항상 주변 지인들과 소통하면서 1차 거름망을 내려보길 권한다. 어렵고 치장이 많았던 브랜드가 훨씬 더 진솔해지고 쉬워진다. 항상 주변에 먼저 물어볼 것을 추천한다.

고객에게 따뜻한 아랫목을 내어주는
마케팅

동양화와 서양화의 차이를 구분할 때 여백의 여부라고 설명한다. 동양화는 흰 여백이 많아 허전한 듯하지만 그림을 보는 사람의 상상력과 사색의 폭을 넓혀주는 느낌이다. 프리미엄 브랜드를 통해 고객이 느끼는 특별한 체험은, 주어진 것을 일방적으로 받는 것이 아니라 나만의 의미가 더해져 만들어지는 특별한 경험이 되어야 한다. 자신이 생각하는 삶의 결과와 방향성, 기쁨, 살아온 경험을 반추하고 거기에 자신의 이야기를 추가하게 된다. 사람들과 그 경험을 공유하고 공감하면서 만족감을 느끼는 것이 프리미엄 브랜드를 공유하고 싶게 하는 이유다.

내 안에 이미 내재된 긍정적인 경험과 생각을 발현할 수 있도록 마케터는 섬세하고 세밀한 자리를 깔아주는 역할이다. 고급스럽고 화려한 융단이 아니라, 고객이 따뜻한 관심과 섬세한 배려를 받고 있다는 온돌방의 아랫목 같은 느낌이 더 가까울 것이다.

우리는 정답을 내려서 고객에게 세뇌시킬 수 없다. 종으로도 횡으로도 각자 다른 체험이 만들어질 것이며, 각자의 다른 체험과 느낌이 발현되어 퍼져나가도록 두어야 한다. 꽉 채우지 않고 각자의 여백을 만들어 주는 것이 가장 중요하다.

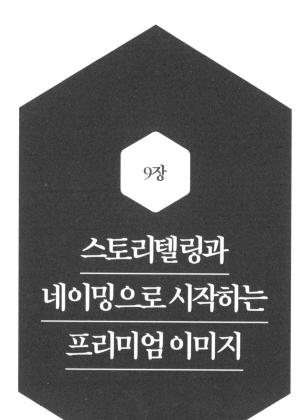

9장

스토리텔링과
네이밍으로 시작하는
프리미엄 이미지

한번 들으면 쉽게 잊히지 않는 브랜드 스토리들이 있다. 대부분은 한두 단락으로 설명이 되는 짧은 이야기들인데, 어쩐지 기억하고 싶고 누군가에게 알려주고 싶은 이야기다. 말보로 담배와 같이 비극적인 사랑을 한 연인 이야기일 수도 있고 실연당해 슬퍼하는 누이를 위해 마스카라를 만든 메이블린 이야기일 수도 있다. 두 이야기는 가상으로 만든 스토리라고 한다. 대부분은 창업주의 일화나 위기를 극복한 스토리, 역사적 사건 등 실제 이야기를 바탕으로 브랜드 스토리를 전개한다.

브랜드와 관련된 수많은 이야기 중 대중에게 강렬한 인상을 남기고 브랜드의 역사와 전통을 알게 해주는 브랜드 스토리텔링은 타 브랜드와 경쟁우위를 선점하게 하는 마케팅의 강력한 도구다.

나폴레옹의 샴페인 모에샹동, 마성의 브랜드 스토리

"승리한 자는 샴페인을 마실 자격이 있고, 패배한 자에게도 위로의 샴페인이 필요하다"라고 말한 나폴레옹의 이야기는 지금까지도 달콤하게 들린다.

어떤 계기로 나폴레옹은 모에샹동 창업자 끌로드 모에의 손자 장 레미 모에과 돈독한 친구가 되었다고 한다. 돈 클래드스트럽과 페티 클래드스트럽이 쓴 책《샴페인》에 소개된 내용에 의하면, 나폴레옹은 워털루 전쟁을 빼고는 출정하기 전 항상 모에샹동 와이너리에 들러 샴페인을 넉넉하게 챙겨갔다고 한다. 키도 작고 콤플렉스에 시달린 나폴레옹에게 전쟁의 극한 두려움을 떨쳐내고, 자신감을 고취시켜주며 정신적 위로가 되어준 술이었던 것이다.

전쟁에서 승리할 때마다 그는 샴페인 병목을 칼로 내리쳐 샴페인을 터트리며 승리를 자축했다고 한다. 후에 전쟁에서 패배한 뒤에도 장군과 병사들은 전쟁 중에 마신 모에샹동 샴페인 맛을 잊지 못하고 모에샹

동을 즐겨 마셨다고 한다. 모에샹동 임페리얼(Imperial)에 적힌 임페리얼
은 나폴레옹을 뜻하는 말이다. 힘들게 다다른 승리의 달콤한 순간이 모
에샹동의 브랜드의 강력한 스토리가 된 것이다.

참고로 모에샹동이 속한 LVMH(흔히 '엘브이엠에이치'라고 흔히 부르며 공식
이름은 루이비통 모에헤네시다)그룹은 2006년, 모에샹동샴페인과 헤네시꼬냑
등을 만드는 주류회사 모에헤네시사와 루이비통 패션하우스의 합병으
로 이루어진 기업이다. 루이비통, 구찌, 디올, 셀린느 등 70개가 넘는 럭
서리 브랜드를 진두지휘하며 '꿈을 파는 상인'이라고 스스로 칭하기도
하는 베르나르 아르노 LVMH 회장은 명품 업계의 제왕으로 불리기도
한다. 세계적인 명품 브랜드와 명품 주류 회사의 합병은 여러 면에서 세
련되게 잘 이어가고 있다.

나폴레옹 시절부터 유럽 왕족들의 결혼식에 등장한 모에샹동은 지
금도 마이애미의 럭셔리 요트 리조트나 칸, 오스카영화 시상식부터 지
금 이 책을 읽고 있는 독자들의 특별한 일상과 기념일을 축하하는 자리
까지 전세계적으로 폭넓게 사랑받고 있다. 파티가 있는 곳에 빠지지 않
는 샴페인 모에샹동은 이러한 브랜드 스토리를 세련되게 잘 이어오고
있다. 최근 몇 년간 전개한 광고 캠페인인 해시태그 캠페인은 이러한 브
랜드 이미지를 확대하여 보여준다.

예를 들어 순간, 기회를 뜻하는 단어인 모먼트(moment) 철자에 모에
샹동의 이름을 붙여 만든 해시태그 '모에와의 순간(#MoëtMoment)'과 바로
지금을 즐기라는 '셰어더나우(#sharethenow)', '오픈더나우(#openthenow)' 캠

전쟁에서 승리할 때마다 나폴레옹은 모에샹동 병목을 칼로 내리쳐 샴페인을 터트리며 승리를 자축했다고 한다. 후에 전쟁에서 패배한 뒤에도 장군과 병사들은 전쟁 중에 마신 모에샹동 샴페인 맛을 잊지 못하고 모에샹동을 즐겨 마셨다고 한다. 힘들게 다다른 승리의 달콤한 순간이 모에샹동의 브랜드의 강력한 스토리가 될 것이다.

페인은 가장 행복하고 즐겁고 축하가 필요한 순간 모에샹동과 함께 하자는 유혹적인 속삭임이다. '지금을 즐기세요(#live in the moment)'라는 이해시태그 마케팅 캠페인은 1,200만 명에게 도달했다. 인스타그램 팔로워가 14.3퍼센트 이상 늘고, 32만 명 이상의 적극적인 호응을 끌어내며 SNS에서 속삭이고 있다. 2017년 한국에서도 시작된 모에샹동 파티는 매년 6월 전세계에서 24시간 열리며 '파티는 샴페인, 샴페인은 모에샹동'이라는 연결고리를 만들어주고 있다.

　　사실 대부분의 프리미엄 브랜드는 없어도 살아가는 데 지장이 없는 것들이 대부분이다. 있으면 좋지만 없어도 괜찮은 것들, 하지만 가지고 싶고 가지면 놓고 싶지 않은 제품과 서비스를 누리기 위해 두 배 이상 웃돈을 충분히 지불할 가치가 있다고 느끼게 하는 것들이 프리미엄 브랜드의 특성 중 하나다. 누구나 바라는 멋지고 싶고 세련된 삶을 향유하고 싶은 꿈, 위로 올라가고 싶은 사회적 지위와 이루고 싶은 성취감, 지금 바로 즐기고 싶은 욕구, 쉽게 손에 잡히지 않고 이루기 어려운 욕망을 지속해서 자극하는 이미지들은 프리미엄 브랜드들이 자주 사용하는 마케팅 전략이다.

<h2 style="text-align:center">숨겨진 욕망을 깨우는
나스 화장품의 네이밍</h2>

미국의 색조 화장 브랜드인 나스(Nars)는 탁월한 발색력과 섹시한 제품 컨셉으로 유명하다. 프랑스의 메이크업 아티스트인 프랑수아 나스가 뉴욕에서 론칭한 이 화장품은 전문가들 사이에서도 인정받는 색조 화장품 브랜드다.

광택 없는 검정색 패키지에 심심할 정도로 간결하게 놓인 브랜드 로고와, 검정색 패키지와 대비되는 선명한 립스틱 색상들은 여성들이라면 꼭 한번 사고 싶은 제품이다. 평소 색조 화장을 자주 하지 않는 필자의 화장대에도 발색력 좋은 립스틱이 있다.

복숭앗빛 핑크 색상에 은은한 금펄이 감도는 오르가즘 블러셔는 1999년 출시된 이후 전세계에서 30초마다 한 개씩 팔리며 코스메틱 업계의 밀리언셀러가 되었다. 만약 이름을 평범하게 '피치 블러셔'라고 지었다면 세계 여성들이 열광하는 제품이 되지 못했을 것이다.

나스가 여성들 사이에 유명해진 다른 계기는 한번 들으면 귀가 쫑 긋해질 만큼 직접적인 성적 코드가 강한 제품 이름 때문이다. 지금은 많은 화장품 브랜드들이 도발적인 네이밍을 사용하고 있지만, 나스의 도발은 예쁘고 섹시하고 싶으며 동시에 주도적이며 자존감 높은 여성 고객들의 마음을 흔들었다.

모든 색상이 성적인 이름은 아니지만 많은 인기 제품 중에는 섹스어필 네이밍들이 많다. 예를 들어 볼을 발그스름하게 만들어주는 블러셔에는 오르가즘, 슈퍼 오르가즘, 섹스판타지, 구강성교를 연상시키는 성적인 용어 딥스로트, 욕구, 섹스어필 등의 이름이 붙어 있다. 섹슈얼 힐링이라는 립스틱도 있으며 더 수위가 높은 제품명도 있다.

복숭앗빛 핑크 색상에 은은한 금펄이 감도는 오르가즘 블러셔는 1999년 출시된 이후 약 20년이 흐른 지금까지 전세계에서 30초마다 한

개씩 팔리며 코스메틱 업계의 밀리언셀러가 되었다. 만약 이름을 평범하게 '피치 블러셔'라고 지었다면 세계 여성들이 열광하는 제품이 되지 못했을 것이다.

고객들은 과감하고 도발적인 이름을 가진 화장품을 사용하면서 자신의 욕망을 당당하게 표현하고 자기 주도적인 삶에 한걸음 더 나아갈 수 있을 것이다. 누군가는 도발적인 이름이 작게 새겨진 립스틱을 꺼내 쓰면서 혼자 피식 웃을 수 있는 생활의 자극을 받기도 했을 것이다. 누가 무슨 색이냐고 물어보면 더 재미있다. 감히 입에서 말할 수 있으니 말이다. 난 립스틱 이름을 말했을 뿐이니까.

행복해지고 싶은 모두의 마음,
코카콜라의 행복 마케팅

일본 화장품 브랜드인 SK II 의 스토리도 유명하다. 일본 양조장에서 술을 빚는 조주사들은 얼굴에 주름이 가득한데 유독 손은 어린아이처럼 희고 곱다는 것을 발견했다. 그 원인은 효모에서 추출한 성분인 '피테라'에 있었고, 이를 사용한 화장품으로 여성의 얼굴을 젊게 만들 수 있다는 것을 브랜드 이야기로 풀어내었다.

스티브 잡스가 1983년 존 스컬리 펩시콜라 사장에게 애플의 최고 경영자(CEO) 자리를 제안하며 한 유명한 이야기가 있다. 펩시콜라는 당시에도 그리고 지금도 안정적인 회사였고, 당시에 애플은 신생 회사라서 성공을 장담하기 어려웠다. 스카우트 제안에 고민하던 그에게 스티브 잡스가 이렇게 말했다.

"나머지 인생을 설탕물이나 팔면서 보내고 싶습니까? 아니면 세상을 바꿀 기회를 지금 잡으시겠습니까?"

이 말에 존 스컬리는 모두의 예상을 뒤엎고 펩시콜라를 나와 스티브 잡스와 함께 하게 된다. 후에 존 스컬리는 경영 악재로 스티브 잡스를 쫓아내게 되었으니 스티브 잡스의 제안은 여러모로 아이러니가 아닐 수 없다. 필자는 처음 이 이야기를 들었을 때, 설탕물이라는 표현에 머리를 맞은 것 같은 느낌이었다.

시장점유율과 마케팅 규모가 펩시보다 훨씬 높지만, 성분 측면에서는 어쨌든 비슷한 제품류인 코카콜라도 부시맨 영화에도 나올 정도로 전세계 사람들이 사랑하는 검은 설탕물이다. 1995년 삼풍백화점이 무너지고 십수 일이 지난 후 극적으로 구조된 생존자는 콜라를 마시고 싶다고 했다. 오랫동안 물과 빛이 없이 언제 구조될지 모르는 시간을 견디고 나와서 소원하는 것이 물도 아닌 콜라였다니.

스티브 잡스의 말마따나 어쩌면 설탕물에 지나지 않을 수도 있겠지만, 1886년에 나온 코카콜라는 요즘에도 초당 4만 개가 팔린다고 한다. 코카콜라의 '행복 마케팅'은 한국을 포함해 전세계에 성공적

코카콜라의 새로운 '해피니스 머신' 캠페인은 사람들의 입소문을 타기 시작했고 코카콜라 자판기가 있는 곳을 일부러 찾아와 줄을 서 행복을 꺼내는 성공적인 마케팅이 되었다.

으로 지속되고 있는 광고 캠페인 사례다. 코카콜라는 '행복을 여세요(Open Happiness)' 캠페인에서 시작해서 코카콜라 '해피니스 머신(Happiness Machine)', '허그미 머신(Hug Me Machine)' 등 예상치 못한 순간에 즐거움을 준다는 기발한 광고 캠페인을 펼쳤다.

대학교 구내식당에서 한 학생이 코카콜라 자판기에서 콜라를 뽑자 콜라가 계속 이어져서 나온다. 2개, 3개가 나오다 10개 이상 늘어나자 당황한 학생은 주위에 있던 학생들에게 콜라를 나눠주며 당황하지만 계속 나오는 뜻밖의 선물에 다함께 즐거운 순간을 만끽한다. 또 자판기에서 사람이 들어가 있어서 콜라 버튼을 눌렀는데 꽃이 나오거나 풍선으로 동물을 만들어주는 등 예상하지 못한 즐거움을 선사하는 코카콜라의 아기자기한 이벤트는 반응이 좋았고 '행복'이라는 키워드를 코카콜라의 방식으로 잘 풀어냈다는 평을 받고 있다. 코카콜라의 이 새로운 캠페인은 사람들의 입소문을 타기 시작했고 코카콜라 자판기가 있는 곳을 일부러 찾아와 줄을 서서 사진을 찍고 행복을 꺼내는 등 성공적인 마케팅이 되었다.

또한 '행복트럭(Happiness Truck)'을 통해 깜짝 선물을 배달해주기도 하고, 코카콜라 병에 '친구야 행복해', '자기야 사랑해' 등 고객들이 넣고 싶은 따뜻한 말을 새겨주는 캠페인도 최근 있었다.

코카콜라의 이런 행복 마케팅 캠페인은 2000년에 들어 시작되었지만 1886년부터 '마시자 코카콜라(Drink Coca-Cola)', 1929년 진행한 '상쾌한 이 순간(The Pause That Refreshes)', 1993년 '언제나 코카콜라(Always Coca-Cola)'라는 브랜드 메시지를 꾸준히 전달해왔다. 이런 캐치프레이즈와 광고를 통해 세계인들 머릿속에 '행복은 곧 코카콜라'라는 이미지를 세뇌에 가깝게 연결해왔다. 아마도 붕괴현장에서 구조된 생존자의 머릿속에는 행복한 순간에 마셨던 그 콜라맛을 떠올리며 고통을 견디지 않았을까 생각해보았다.

여성들이 희망하는 로맨틱한 프로포즈 이벤트에 자리 잡고 있는 것은 하늘색 케이스에 담긴 티파니 반지다. 그 이전의 드비어스 다이아몬드에서 최근 티파니로 바뀐 것이다. 티파니를 상징하는 티파니블루 색상은 이제 전세계 여성들에게 사랑을 완성시켜주는 극적이고 행복한 순간을 상징하게 되었다. 브랜드가 만들어주는 이미지가 마냥 허상이라고 비난할 수는 없다. 긍정적인 이미지가 형성되어 있고 내가 그것을 소비할 때 그 긍정적인 이미지가 나를 기쁘게 한다면 누구나 약간의 돈을 추가로 지불할 수 있는 것이다.

네스트호텔과 히든클리프호텔의
감성 마케팅

호텔 마케팅에서 경험 마케팅은 프리미엄 가치를 끌어올리는 중요한 요소(key driver)이다. 호텔 마케팅에 관심이 많은 필자는 몇 해 전 네스트호텔 측에 마케팅 협업을 제안하면서 당시 네스트호텔 마케팅을 맡고 있던 담당자와 연을 맺게 되었다.

영종도 인천공항 인근에 위치한 네스트호텔은 둥지를 의미하는 네스트(nest)라는 이름만큼이나 휴식을 주는 도심 근처 부티크 호텔이다. 크리에이티브 디렉터 조수용 대표가 총괄디자인을 맡아 진행했다. 네스트호텔은 오픈과 동시에 국내 최초로 '디자인호텔스(Design Hotels)' 멤버십 호텔로 등재돼 업계의 주목을 받았다. 디자인호텔스는 전세계적으로 그 권위를 인정받는 글로벌 호텔 플랫폼으로, 엄격한 자체 선정기준에 부합하는 50여개 국 270여 개 호텔에만 자격을 부여하고 있다.

네스트호텔의 최근 마케팅 담당자의 인터뷰에 따르면 네스트호텔은 경유지가 아닌 목적지 그 자체가 되는 호텔을 지향한다고 말한다. 호

인천 영종도에 위치한 네스트호텔은 둥지를 의미하는 네스트(nest)라는 이름만큼처럼 특별한 휴식을 주는 도심 근처 부티크 호텔이다.

텔에 쉬면서 자신만의 휴식을 즐기는 투숙객에게 섬세한 투숙 경험을 만들어주고 있다고 한다. 주 고객은 연인들과 휴식이 필요한 아기를 키우는 부부, 인천공항을 이용하는 비즈니스맨, 혼자 쉬러 온 싱글 남녀 등이라고 한다.

호텔 앞 바다와 갈대숲이 보이는 독특한 침대 구조와 산책 코스, 어느 자리에서도 멋진 뷰를 감상하며 식사할 수 있는 계단식 논을 연상시키는 레스토랑 좌석 배치, 겨울에도 즐길 수 있는 노천수영장과 스파, 넉넉한 아기 놀이방 시설 등은 편안한 휴식이라는 키워드와 연결된다. 객실에는 흰색 가운과 슬리퍼가 아닌 차분한 색상의 회색 슬리퍼와 가운이 놓여 있다. 욕실에는 프로모션용 슈에무라의 클렌징오일 샘플이

히든클리프 호텔은 제주도 원시림을 한눈에 담을 수 있는 수영장 인피니티풀 덕분에 오픈 전부터 잡지 매체에도 기사가 많이 실렸고 호텔을 이용한 고객들이 남긴 SNS 바이럴 마케팅도 개장 초반 호텔 홍보에 큰 도움이 되었다.

놓여 있고 이스라엘 사해 소금을 비치해 힐링을 원하는 투숙객들에게 휴식을 안겨줄 수 있다.

호텔만의 감성을 담은 슬리퍼를 만들고 가운을 디자인하고 샴푸와 컨디셔너, 바디샤워 등 특별한 어메니티를 비치하고, 멋진 조명을 놓고 아티스트 액자를 고르는 일까지도 마케터가 담당하는 영역이라고 한다. 투숙객과 만나는 곳뿐만 아니라 예약할 때부터 퇴실 후까지 투숙객이 호텔을 선택하고 방문해 머무는 시간 동안 온전히 그 호텔만의 편안하고 특별한 경험을 디자인하는 것이다.

예전 담당자는 그후 제주도의 히든클리프 앤드 네이처 호텔로 옮겨 마케팅 업무를 진행하게 되었다. 조용하고 세련된 호텔을 선호하는 우리 부부는 이 호텔도 여러 번 방문했다. 이름도 자연에 숨겨진 절벽(Hidden Cliff & Nature)가 아닌가? 오픈 초반에는 1박에 50만 원에 가까운 비용을 지불했으나 이후에는 얼리버드 예약을 이용하여 30만 원 이하로 가격을 낮춰 머물 수 있었다. 휴식이 필요할 때 장시간 비행기를 타고 해외에 가는 대신, 집과 가까운 김포공항에서 가볍게 비행기를 타고 닿을 수 있는 제주도라 자주 가는 편이었다.

해마다 무서운 속도로 고급 호텔과 리조트, 펜션들이 들어서고 있는 제주에서 유독 이 호텔이 인기몰이를 했던 이유는 무엇이었을까? 일반적인 호텔 수영장과는 달리 옆으로 길게 늘어뜨린 부채꼴 모양으로 가로로 길게 트여 제주도의 자연 원시림을 한눈에 담을 수 있는 '인피니티풀'은 히든클리프가 짧은 기간에 이름을 알릴 수 있었던 핵심 세일즈 포인트였다. 다른 호텔들은 제주도 바다와 바로 접해 있어서 호텔에서 바로 해변으로 걸어갈 수 있고, 객실에서 바다를 온전하게 바라볼 수 있는 것에 비해 숲 안에 있는 히든클리프는 대부분 숲을 바라보게 설계되어 있다. 바다와 인접하지 않는 단점을 마치 숲 속에서 자다가 일어난 듯한 느낌을 주는 구노의 건축과 인피니트 풀로 보완했다.

사실 이 인피니티풀의 최대 장점은 사진이 잘 나온다는 점이다.

SNS에 올리면 화보가 되는, 진초록의 숲에 진푸른 파란색의 풀에 있는 자신의 모습을 담기 위해 때로는 수영하는 사람보다는 사진 찍기 위해 머리를 물에 담그지 않는 셀피족들이 많다.

대충 찍어도 화보의 주인공이 된 듯한 경험을 만들어주는 수영장 덕분에 오픈 전부터 잡지 매체에도 기사가 많이 실렸다. 또 초기에 호텔을 이용한 고객들이 SNS에 남긴 글을 통해 바이럴마케팅 효과를 톡톡히 누려 개장 초반 호텔 홍보에 큰 도움이 되었다.

브랜드 이름의 시각화,
일반적인 펜션 이름과의 차이

제주도 조천읍에 숨겨 놓은 또 다른 휴식 공간이다. 오롯이 제주를 경험할 수 있다는 카피에 끌려 남편이 발견한 이곳은, 제주도 전통 가옥을 현대적인 건축물로 재해석한 독채펜션 '눈먼고래'다. 기본적으로 무인 시설로, 체크인을 할 때부터 퇴실할 때까지 아무도 만나지 않고 이용할 수 있다.

총 두 채의 집과 중간 정원, 노천탕, 바다와 인접한 바비큐 테이블, 앞 정원으로 이루어져 있어서 성수기에는 하루 60만 원, 겨울 같은 비수기에는 40~50만 원의 투숙비용이 든다. 연예인 김나영 씨의 스몰 웨딩 장소로도 알려져 있고 드라마 '멘도롱 또똣'의 주인공 남자의 집으로도,

삼다수 광고와 각종 뮤직 비디오, 패션 화보를 자주 찍는 장소이기도 하다. 필자가 투숙한 다음 날에도 실제로 결혼식이 진행되기도 했다.

처음 들어도 귀에 쏙 들어오는 '눈먼고래(Blind Whale)'라는 이름은 조천 바다 해안과 같은 높이에 나지막이 있는 두 채의 돌집이 마치 바다에서 표류한 두 마리의 고래가 육지에 푹 파묻힌 느낌을 받아 지었다고 한다. 처음 경험한 제주 돌담집이 신기한 것이, 바람이 아무리 많이 불어도 옆으로 지나가게끔 설계해 실제로 건물에서는 바람 소리나 바람의 기운을 느끼기 어려웠다.

필자 부부는 올레길을 걸으며 멀리 벗어난 해안에서 다시 그 집을 바라보았을 때 그제서야 왜 '눈먼고래'라는 이름을 지었는지 알게 되었다. 정말 까만색 고래 두 마리가 웅크리고 앉아, 마치 몸이 다쳐 다시 바다로 나갈 수 없지만 바다를 그리워하며 슬퍼하는 느낌을 받았다. 아직 등에서는 물이 희미하게 뿜어지지만, 시원하게 바다로 뛰어갈 수 없는 노쇠한 고래 부부. 사실 그냥 제주도 돌집인데 이렇게까지 감성이 샘솟는 것은 '눈먼고래'라는 이름이 스토리를 만들어내고 시각화하며 의미를 불어넣어줬기 때문이다. 만약 이 펜션의 이름이 평범했다면 상대적으로 덜 알려졌을 것이다. 눈먼고래라는 이름이 아련한 감성을 자극하고 건축물을 시각화하여 고유한 투숙 경험을 만들어냈다. 앞서 말한 헤도니스트에 어필한 것이다.

개인적으로 펜션이 좋았던 것은 아침마다 물질하는 해녀를 바로 가까이서 볼 수 있었던 것이었다. 침대에 누우면 바다 수평면이 그대로 연결되어 보이는데, 지역 주민 해녀가 아침에 물이 빠지면 물질을 해서 올라오는 일상이 평화롭기도 하고 자연적인 에너지가 넘치면서도 애잔하기도 한 복잡한 감정을 만들어냈다. 해녀 할머니의 도움을 받아 안전한 곳에서 보말을 따다 라면을 끓이기도 했다.

객실에 남겨진 방명록 수첩에 많은 스토리를 가진 사람들이 각각의 투숙 계기, 체류 경험을 남기고 떠났다. 여기서 청혼을 받은 사람, 시부모님을 모시고 여행온 며느리, 딸 가족과 함께 온 스페인 할머니, 중국인 관광객 등 다양한 사람들의 이야기가 아이들의 알 수 없는 낙서들 사이 사이에 있었다. 우연히 남편이 내게 남긴 글을 찾았다. 필자 몰래 써놓은 방명록을 보니 이름은 없지만 단박에 남편이라는 것을 알게 되었다. 나 또한 몇 페이지 뒤에 화답의 의미로 남편만 알 수 있는 이야기들을 적으며 특별했던 2박 3일을 남겨두고 왔다.

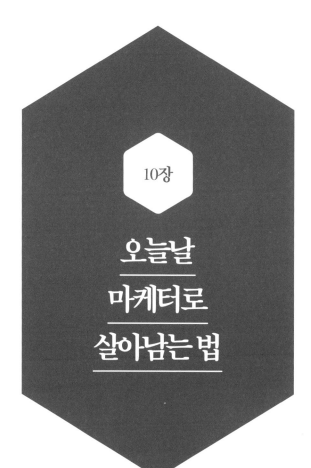

10장

오늘날
마케터로
살아남는 법

영화 '허(Her)를' 본 독자라면 인공지능과 사랑에 빠진 주인공이 편지를 대신 작성해주는 회사에 다니고 있었다는 것을 기억할 것이다.

여자 주인공 스칼렛 요한슨의 사진이나 얼굴은 한번도 나온 적이 없지만, 매력적인 목소리를 영화 내내 듣다 보니 마치 예쁜 여주인공을 본 것 같은 착각이 들 정도다. 사람보다 더 사람같을 것 같은 인공지능이 인간의 일상 깊이 공존하게 되는 미래에 편지를 대신 써주는 회사가 존재한다는 설정은 아이러니하다. 어쩌면 글을 쓴다는 것, 감정을 헤아

리고 내 복잡한 감정을 사려깊게 전달하는 일은 미래에도 여전히 사람만이 할 수 있는 일이지 않을까.

그러나 이미 사람이 쓰는 것처럼, 아니 더 인간적인 냄새를 풍기는 글들이 사람이 아닌 인공지능 알고리즘으로 만들어지고 있다. 마케팅 랭귀지 엔지니어링 기술을 만들어낸 퍼사도(Persado)사의 자동 카피라이팅 기능은 빅데이터에 기반하여 개인의 니즈와 성향, 상황까지 고려하고 고도로 계산된 통계치와 수학적 논리구조를 기반으로 언어적인 수사학을 자연스럽게 구사하며 개개인의 고객에게 말을 건넨다. 인공지능은 빅데이터를 활용하여 더욱더 고도화된 언어로 사람의 행동을 자연스럽게 유도한다. 구매하라고 말하지 않는 대신 "당신은 지금 이렇게 하면 좋겠네요", "이런 건 어떨까요?"라며 지혜롭게 말을 거는 친구처럼 마케팅 메세지를 만들어내고 있다.

뉴욕의 벤처기업에서 시작된 이 회사는 2016년 골드만삭스도 천만 달러(약 110억 원)를 투자하며 퍼사도의 인지과학을 바탕으로 한 마케팅 캠페인에 관심을 보이고 있다. 퍼사도 웹사이트 첫 홍보 문구는 이렇다.

"마케팅랭귀지 클라우드 시스템으로 모든 고객에게 가장 어필하는 카피를 만들 수 있습니다."

기계에서 나오는 건조한 마케팅 언어를, 퍼사도의 각 수신 대상의 프로파일에 맞춘 시스템에 돌리면 이렇게 바뀐다.

4시 30분입니다. 약을 드세요.

→ 찰스. 약을 먹을 시간입니다. 가족들은 당신이 더 건강하길 응원하고 있습니다.

최저가 항공, 지금 예약하세요. 한정기간 이벤트

→ 일생에 남을 꿈같은 여행을 지금 내게 선물해 보세요. 지금 출발할까요?

8마일 달렸습니다. 대단합니다.

→ 5마일만 더 달립시다. 힘내세요.

이메일, 인공지능 스피커, 스마트워치, 내비게이션, 알람을 켜면 나만의 스칼렛 요한슨이 생기는 셈이다. 퍼사도가 생산한 마케팅 언어는 4,500만 개가 넘고 23개 언어로 진행되고 있으며 4,000여 개가 넘는 광고 캠페인을 동시에 진행할 수 있다고 한다. 퍼사도가 말을 걸면 평균 응답률이 49.5퍼센트로 꽤 높다고 한다.

알파고가 대국에서 이세돌을 이겼던 날 불현듯 찾아온 두려운 감정처럼, 이렇게 기술의 발달로 마케팅 영역도 기계가 대신하는 날이 얼마 남지 않은 것 같다. 정말 미래에는 마케터의 영역이 줄어들까? 퍼사도의 기사를 읽다 보니 마케터는 무엇을 하는 사람인지 생각해보게 한다.

만능 해결사
마케터의 백조 같은 삶

마케팅이라는 일이 겉으로는 화려해보일 수도 있다. 하지만 실상은 몸을 써서 직접 뛰고 나르며 상황을 판단하고 본능적으로 의사결정해야 하는 것들이 많다. 사전 기획에 따라 행사장 설치물, 조명, 음향 등이 설치됐는지 파악하고 전문적인 이벤트 대행사와 내부 팀원 인력을 총동원하여 수많은 스태프들이 일사분란하게 일하는 행사 당일의 숨가쁜 현장은 영화 촬영을 앞두고 바삐 세팅하는 영화 촬영장 같기도 하다.

전에 근무한 잡지사 마케팅팀 자리는 각종 박스들과 잡지 부록 샘플, 각종 배너들, 브랜드 행사 관련 물품들로 마치 작은 물류창고 같았다. 따로 창고도 있었지만 그곳을 다 채우고도 각자 자리마다 빼곡히 쌓여 있는 경우가 다반사다. 현장에서 행사 당일 갑자기 소나기가 오면 미리 준비해둔 우천 계획에 따라 플랜 B로 움직여야 하고, 때로는 현장 허가가 나지 않아 물품을 실은 트럭이 그대로 돌아오는 경우도 있다.

한번은 리본 커팅식을 하는 아침, 행사 시작 한 시간 전에 임원 한 명이 급하게 추가되는 바람에 급하게 가위를 사러 스태프가 다이소로 뛰어가야 했다. 예정된 8명의 숫자에 맞게 화려한 금장가위를 준비해두었지만 모두 쓸모없게 됐다. 9명으로 바뀌는 순간 똑같은 모양과 재질의 가위 9개를 다시 바꿔야 한다. 누구는 금가위인데 혼자 일반 가위라면 큰일이기 때문이다.

참석한 모두가 VIP인 만큼 누가 누구 옆에 서고 어떤 동선을 따라 움직이며 기사에는 어떻게 나가는지, 사진은 누군가가 잘리지 않고 공평하게 모두 잘 나왔는지 세심하게 신경써서 배포해야 한다.

리본 커팅 인원이 바뀌면 행사 시작이 채 몇십 분 남지 않은 상태에서 미리 준비해둔 보도자료 내용도 바꾸어야 한다. 오보가 나가면 안 되기 때문이다. 결국 한 명이 즉석에 섭외되면 마케터에게 줄줄이 터지는 일들은 많다. 늘 시간은 한정되어 있고 작은 일들은 긴급 상황이 된다. 하지만 신속하게 대응해야 한다. 하면 할수록 경험과 연륜이 쌓여간다지만 현장에서 터지는 크고 작은 사건들은 생각지도 못한 일들이 많다. 그날의 가위 사건 이후로 항상 여유 있게 가위를 준비한다.

마케팅 업무를 하는 지인 중 한 명은 야외 행사를 하는데 포토존 근처에 잡초가 너무 많아서 정장 스커트 차림으로 급하게 잡초를 뽑게 되었다고 한다. 현장에서 갑자기 생긴 돌발상황이라 급한대로 본인이 잡초를 뽑고 있었다고 한다. 별의별 일들을 슈퍼맨, 원더우먼처럼 해결해야 하는 웃지못할 에피소드들은 누구나 있을 것이다.

쉐이크쉑 웨스트할리우드 하우스워밍 파티 현장에 함께 준비과정부터 참석한 적이 있었다. 쉐이크쉑은 매장 오픈 전 인플루언서 초청 파티를 하우스워밍이라고 칭하고 있다. 하우스워밍 파티는 집들이 개념인데, 새집에 손님을 초대해 집을 훈훈하게 한다는 의미다. 다양한 버거와 프렌치프라이, 아이스크림 디저트, 와인, 맥주 등을 트레이에 담아 끊임없이 서빙하고 손님은 스탠딩으로 사람들과 어울리며 음악과 메뉴를 즐기는 일종의 '소셜 개더링 파티'인 셈이다.

국내에 아직 쉐이크쉑을 오픈하기 전이었던 만큼, 미국은 어떻게 파티를 준비하고 어떤 게스트들이 참석하는지, 사전에 어떤 준비과정을 거치는지 본사 마케터들과 함께하기 위해 출장을 떠났다. 미국 서부를 대표하는 버거 '인앤아웃'이 터줏대감처럼 자리잡고 있는 LA 할리우드와 바로 인접한 부촌인 웨스트할리우드에 동부 대표 버거인 쉐이크쉑이 오픈하는 것은 할리우드에서도 화제였었다.

쉐이크쉑 팬을 자처한 인기 연예인과 모델들도 그날 파티에 참석한다고 하여 스태프들은 들뜬 분위기로 행사를 준비했다. 우리는 미국 스태프들과 함께 참석 게스트들에게 나누어줄 선물인 선글라스의 겉 비닐포장을 뜯는 작업부터 함께했다. 이벤트 대행사에서 설치하는 테이블 위치를 확인하고 메뉴 준비, 밴드 음향 준비 등을 체크하며 부산하게 움직였다. 그리고 저녁 파티를 앞두고 마케팅 담당자들은 옷을 갈아입었다.

예쁘고 매력적인 옷, 높은 하이힐, 늘어지는 큰 귀걸이, 한결 진해진 화장. 모두 약속이나 한 듯이 갈아입었다. 물론 한국에서 참여한 나와 팀원도 함께 진짜 파티를 즐길 타이밍이 되어 파티 의상과 하이힐로 갈아신었다. 일할 때는 모두 운동화에 티셔츠 차림이었는데 한국이나 미국이나 마케팅 관계자들은 비슷한 것 같아서 피식 웃음이 났다.

필자는 행사가 있는 날이면 스니커즈를 신고 하이힐을 따로 챙겨

출근하곤 한다. 또 하나, 행사장에서 꼭 챙겨야 하는 것은 충분한 핸드폰 배터리와 명함첩이다. 1분에 수십 통 전화가 오는 현장에서 배터리가 방전되면 그야말로 사고다. 또 행사장을 찾아준 관계자들에게 인사를 하고 명함을 주고받으면서 향후 브랜드 커뮤니케이션을 이어나가야 하기 때문에 명함은 두둑이 준비한다.

하이힐을 신고 박스를 나르던
서울패션위크

쉐이크쉑 두타점 오픈을 앞두고 바로 길 건너편 동대문디자인플라자에서 서울패션위크가 열렸다. 유명 디자이너 두 명의 컬렉션을 선정해 모든 좌석에 쉐이크쉑 키트를 놓기로 했다. 1,000개의 좌석, 두 번의 쇼에 패션피플들이 좋아할 만한 에코백과 선글라스, 와펜(펠트 등에 자수를 놓아 만든 장신구) 배지 등의 아이템을 선정해 브랜드 아이덴티티를 살려 제작했다.

서울패션위크에 참석하는 트렌드에 민감한 얼리어댑터들은 우리 타깃과 정말 잘 부합했다. 다음 주 오픈할 브랜드 소식을 핵심 타깃층에게 소개할 수 있는 것은 비용 대비 높은 홍보 수단이었기 때문에 몇 달 전부터 디자이너를 섭외하고 제품을 기획하여 키트를 제작했다. 비용을 최소화하기 위해 외부 인력을 쓰지 않고 팀에서 직접 키트를 놓기로 했다. 한정된 예산으로 키트를 제작하고 거기에 박스 비용까지 추가로 들어가게 되면서 인건비조차 남지 않았기 때문이다.

쇼를 직접 보기로 했기 때문에 의상도 차려 입고 가야했다. 5센티미터 힐을 신고 있던 나는 직접 큰 박스를 실어 날랐다. 급한 마음에 혼자 힘을 쓰고 옮기는 일부터 하고 가벼운 박스 키트를 자리에 하나씩 놓는 일은 팀원과 현장에 있던 다른 스태프들의 도움을 함께 받았다.

그렇게 준비가 끝나고 패션쇼가 시작됐다. 프론트로(front row, 패션쇼 관객석의 맨 앞열)에 앉아 짐짓 여유로운 척 모델들의 워킹과 컬렉션을 감상했지만, 내 머릿속에는 관객이 들어닥치기 전까지 브랜드 키트를 올려놓느라 정신없었던 막판 스퍼트가 오버랩되어 지나갔다.

겉으로는 백조처럼 우아하게 남들 앞에서 여유로운 척하지만 안으로는 부산하게 수영하는 오리발 신세라고 자조적으로 이야기할 때도 있다. 하지만 때론 사무실을 벗어나 현장에서 부딪히며 생동감 넘치는 일들을 처리할 때면 마케팅을 하는 사람들에게는 그게 또다른 활력이 된다.

얼마 전 TV에서 유명 부부가 출연한 예능 프로그램을 보다가 그날 패션쇼에서 프론트로 VIP에게 나눠준 에코백 들고 유럽여행을 가는 장면을 보면서 정말 기뻤다. 애정을 기울이고 노력한 만큼 브랜드는 살아서 움직이기 때문이다.

제너럴리스트와 스페셜리스트 사이에서

그렇다면 창의적인 생각들은 언제 이루어질까? 새로운 기획이나 아이디어는 어떻게 뽑는지 물어보는 사람들이 종종 있다. 필자도 획기적인 아이디어나 디자인 제품, 광고물, 마케팅 캠페인을 발견하면 동시에 기획한 사람이 궁금해지기도 한다.

역사적으로 천재성을 발휘했던 예술가나 과학자들을 보면 생활 속에서는 어리숙한 경우가 많다. 모든 감각이나 기능이 동시에 발달하기도 어렵고, 내 에너지를 온전히 일에만 쏟아붓기도 어렵다. 현실 세계에서 직장인으로, 마케터로, 대표로, 자영업자로, 프리랜서로 일을 해나감에 있어 창의적인 능력과 꼼꼼하게 일을 처리하는 행정적인 능력이 늘 동시에 필요하다. 어떨 때는 한 분야에 두각을 나타내는 스페셜리스트로, 어떨 때는 두루두루 다 잘해야 하는 제너럴리스트로 변신해야 하는 것이 모든 이들의 고충이다.

한때 국내 패션 디자이너들이 대박을 터트려도 대량 제작을 위한 일들을 제대로 지휘하지 못해 경영난을 겪기도 한다고 했다. 소규모 디자이너 업체의 경우 디자인하기도 벅찬데 세금계산서 끊느라 직원 채용하고 월급 주느라 디자인에 신경 쓸 겨를 없이 정신없이 바쁘다는 푸념도 들었다.

현실 세계에서 주어진 일들을 하며 그와중에 창의적인 생각을 많이 하려면 어떻게 해야 할까. 필자의 경우 최대한 잠을 잘 자고 기회가 될 때 멍 때리며 쉬려고 노력한다. 많은 인풋들이 오히려 내 안의 새로움을 갉아먹는 것 같아서 중간 중간 다 비워버리려고 노력한다. 조용한 곳으로 여행을 가거나, 하루 정도는 티비만 보거나, 허물없는 친구와 술을 마시며 별 의미 없는 수다의 밤을 보내거나, 뜨거운 욕조에 몸을 담그는 과정에서 머릿속이 가벼워지는 것을 느낀다. 되도록이면 그 시간은 핸드폰을 끄는 것이 비움에 크게 도움 된다. 한껏 비워진 다음에는 영화를 보아도 감성 흡수력이 높아지고 책도 잘 읽히고 남이 하는 이야기도 내 귀에 잘 전달된다.

트렌드를 어떻게 읽는가, 새로운 기획 구상은 어떻게 하는가에 대한 대답은 잡지를 읽는 것을 추천한다. 잡지 에디터는 트렌드에 대한 촉이 생명인 직업을 가진 사람들이다. 그들이 그 달에 다루는 이야기나 브랜드 스토리는 업계 최전선에서 돌아가고 있는 트렌드를 제일 먼저 보여주는 것이다. 잡지책을 사서 보는 일들이 예전보다 줄었다지만 필자는 잡지 보는 일을 빼놓지 않는다.

잡지에서 소개하는 많은 브랜드 소식들과 이벤트 홍보 기사는 새로운 기획 구상에 좋은 힌트를 주기도 한다. 전혀 다른 업계나 브랜드 활동들에서 좋은 아이디어를 얻기도 하고 내가 담당하고 있는 일과 연결시켜서 협업할 만한 기획을 구상해볼 수도 있다. 오래 읽다 보면 그런 것들이 더 잘 보인다. 또 해외나 국내 매체들의 SNS계정을 팔로우 하는 것으로도 트렌드를 파악할 수 있다.

잘 아는 유명 이벤트 대행사 대표는 직원이나 지인 1명과 함께 일주일이나 열흘 정도 시간을 내어 일부러 해외여행을 간다고 한다. 평소 집에서는 육아를 하는 아빠이고, 유명 브랜드 행사를 많이 치르는 대표지만 감각을 늘 유지하기 위해 일부러 시간을 내어 멀리 트렌드 조사 겸 여행을 다닌다는 것이다.

여행에 있어 그의 절대 원칙은 매일 새로운 호텔에서 자는 것이라고 했다. 낯선 곳에 여행가서 매일매일 새롭게 가방을 꾸리고 메뚜기처럼 호텔 체크인과 체크아웃을 반복하는 것은 사실 귀찮은 일이다. 하지만 새로운 것에서 최대한 영감을 얻기 위해 수고롭지만 그 과정을 거친다고 했다. 이렇게 그만의 견문이 감각으로 쌓여 늘 새로운 크리에이티브로 승부를 걸어야 하는 마케팅 업계에서 좋은 활동을 계속 이어나갈 수 있었던 것이다.

모든 일은 숫자에서 시작되어
숫자로 끝난다

매년 예산 계획을 짜고 세부 마케팅 계획에 따른 비용을 예상하고, 그 계획에 준해서 마케팅을 집행하는 것도 마케팅 담당자의 일이다. 하라는 것은 많은데 예산은 언제나 부족하기에 항상 빠듯하고 몸은 늘 바빠진다. 투자 대비 효과도 당연히 높아야 하거니와 마케팅 예산이 남아서도 안 된다. 초기 계획대비 남지도 모자라지 않게 운영하기 위해 마케터는 늘 아둥바둥거린다.

론칭 초반에 쉐이크쉑에도 그룹사의 핵심 서비스인 해피포인트 적립 제도를 도입하기 위해 여러 번이나 사람들을 모아 가상 줄 서기와 주문하는 과정을 반복해서 시뮬레이션을 돌렸다.

20명 정도 구성해서 매장 오픈 전에 직접 주문하고 해피포인트를 적립하는 것처럼 계속 순환시켜서 평균 주문 소요 시간이 얼마나 지연되는지와 그 원인을 구간별로 분석해보았다.

당시 줄이 꽤 길 것으로 예측됐고 한 사람당 주문 소요시간이 늘어나면 결과적으로는 많은 이들의 주문시간 대기 지연으로 이어지므로 면밀한 시간 계산이 필요했기 때문이다. 이는 곧 시간별 매출과 직접 연계되는 사안이라 중요한 과정이었다. 적합한 시점에 맞춰 포인트 적립을 개시하고 고객들에게 균일한 혜택을 주면서 편안한 브랜드 경험을 만들기 위해 통계치를 뽑아내고 이를 전체 시나리오에 반영했다. 이런 것도 마케터의 역할이다.

어느 산악가의 히말라야 등반을 촬영한 다큐멘터리 감독이 그랬다. 혹한의 날씨에 카메라를 들고 산악가보다 더 앞서 나가면서 뒤로 돌아 영상을 찍는 것보다 출장 영수증을 정리하는 것이 더 어려웠다고.

주요한 마케팅 캠페인과 광고, 할인 프로모션, 신제품 론칭, 각종 이벤트 등 한바탕 행사를 끝내고 마케터에게 남은 가장 싫은 숙제는 결과 보고서를 쓰는 일이다. 매체별, 미디어별 브랜드 노출 결과가 어떻게 되었는지, 고객 유입이나 상품별 매출 증감은 어떠했는지, 최종 도달률이나 브랜드 인지도 등은 어떻게 높아졌는지, 예산을 십 원짜리 단위까지 무엇을 어떻게 썼는지 정리해 나가는 것은 매우 수고로운 작업이다.

잘된 것은 어떤 이유로 얼마나 잘된 것인지 비교분석해서 수치화해야 하고, 나름의 논리를 짜고 수치를 측정하는 것도 일이다. 안 된 것은 또 왜 잘 안 되었는지 분석해야 하니 추운 히말라야 베이스캠프에서 영수증을 모았을 다큐멘터리 감독의 애환을 알 것 같다.

마케터의 숙명은
끝없는 설득과 자기반성

당연한 이야기지만 혼자 되는 일은 없다. 이 책 전반에 걸쳐 이야기하는 마케팅이라는 과정도 그렇거니와 모든 일이 함께 하는 일이다.

이력서를 받아 면접을 보게 되면 간혹 과거에 본인이 참여했던 프로젝트에 대해서 본인이 혼자 한 것처럼 이야기하는 경우가 있다. 물론 경력 많은 면접관들은 얼마만큼이 사실인지 어느 정도 짐작할 수 있다. 이력서에 자랑삼아 넣을 만한 프로젝트라면 여러 명의 인력이 맞물려 돌아가야 하는 마케팅 업무가 대부분인데 혼자서 대부분의 역할을 해내기란 불가능에 가깝기 때문이다.

뽑는 사람 입장에서는 지원자가 좀 더 집중해서 맡았던 부분, 기여한 부분이 각자 다를 테며 조직에서 어떤 역할을 잘 하는 사람인지가 궁금하게 마련이다. 본인 성과 외에도 만약 다른 사람의 장점을 보면서 무엇을 배웠다거나, 팀워크를 위해서 어떤 고민을 했는지 이야기한다면 면접자의 눈꼬리는 반달이 될지도 모르겠다.

마케팅은 튀어야 하고 창의적이어야 하는 숙명이 있다. 가끔 똘끼를 부려 과감한 아이디어를 개진해보면 그 새로움이 잘 받아들여지지 않는다. 또 다수의 사람들이 이미 생각하는 방향은 수긍은 쉽지만 채택되기는 어렵다. 누구나 생각할 법한 것들은 소비자들에게도 이미 익숙한 것이다. 의미가 없다.

마케팅 전략과 구체적인 실행 방안을 세워나가는 일은 남을 설득하는 일이기도 하다. 팀 동료, 상사, 부하들을 먼저 설득해야 하고 초기 아이디어를 고쳐나가야 한다. 같이 머리를 맞대 아이디어를 내고 참여했을 때 실행력은 높아지고 팀의 성취도가 올라간다.

그리고 팀 외에도 유관 협력 부서들을 만나야 하고, 외부 대행사나 외주 업체들을 만나 또 설명하고 방향성에 대한 합리적 수긍을 이끌어내야 한다. 각 요소별 전문가들의 의견과 도움도 절대적으로 필요하기 때문이다. 누군가 갸우뚱하거나 합리적 의심을 갖고 있다면 그 상대방과 끊임없이 이야기해야 한다. 그 과정에서 놓치고 있던 것들을 발견하고 수정하고 여러 시나리오에 대한 대응책을 세울 수 있다. 이러한 설득의 과정을 컨설팅 입계에서는 신디케이션(syndication)이라고 한다. 원래 신디케이션이란 말은 개별 경제 주체들이 공동의 목적을 달성하기 위해 잠정적으로 조직을 만들어 활동하는 것을 일컫는다.

죽어도 설득되지 않는 마케팅 기획안은 과감하게 방향을 바꾸거나 포기해야 할 때도 있다. 물론 포기하기 전까지 최선을 다해 자료를 제시하고 합리적인 추정과 예측을 보여주며 관련된 지표나 통계를 바탕으로 동물적 확신을 객관적 확신으로 바꿔야 한다. 왜냐면 혼자 할 수 있는 일은 없기 때문이다. 팀 막내부터 시작해서 최고 의사 결정권자까지 모두가 공동의 목표와 방향성에 대해 수긍하고 움직여야, 그제서야 겨우 그 다음 고객들을 설득할 수 있다.

변화나 획기적인 시도는 누구에게나 낯설다. 고객의 생각도 내부와 같을 수도 있고 다를 수도 있기 때문에 팀에서부터 모든 이해 관계자 당사자들과 협의를 거치는 과정을 통해야 완성도가 높아질 수 있다. 큰 성공을 거두게 되면 좋은 사례(베스트 프랙티스)로 남는다. 우리가 〈하버드 비지니스 리뷰(HBR, Harvard Business Review)〉나 책, 강의, 뉴스 등에서 접하는 성공 사례들도 수많은 설득과 자기 반성, 확신과 궤도 수정, 창의와 합의의 변주를 넘나들며 집행된 것들이다.

말하지 말고 말하게 하라

이제 대화 능력이야말로 마케팅의 필수 능력이 됐다. 마케터가 고객보다 똑똑할지는 모르지만, 사람들이 귀를 기울이는 건 그들의 광고가 아니라 주위 사람의 평가와 추천이다.

점점 더 평평해지고 투명해지는 세상에서 가장 중요한 자산은 '진정성'이다. 기업은 메시지의 노출 빈도와 양을 늘릴 게 아니라, 몇 군데의 중요한 접점에서 고객과 의미 있게 연결되는 방법, 즉 진정한 친구가 되는 방법을 고민해야 한다.

요즘은 소비자들이 제품에 대해서 훨씬 더 잘 알고 있다. 무엇이 진짜인지, 표면 뒤에 있는 기업의 속사정이 무엇인지 뻔히 알기도 한다. 그리고 한 사람의 불쾌한 구매 경험은 전 세계 모두에게 알려질 수 있다. 그 고객의 불만이 전체 후기 중에서 0.0001퍼센트라도 엄연히 하나의 팩트로 남아 디지털 세상에서 퍼질 수도 있다. 과거에는 과장되게 힘을 주어 이야기 하는 방식이었다면, 이제는 친근하게 솔직하게 다가서는 법을 알아야 한다. 지금의 고객 한 사람, 한 사람과의 의미 있는 관계 설정이 브랜드를 움직여 주는 힘이 된다.

마케팅의 아버지라고 불리는 필립 코틀러는 《마켓 4.0》라는 책에서 4차 산업혁명 시대의 마케팅 환경에 대해 이렇게 말하고 있다.

초연결 시대, 생산자 중심 구조는 끝났다. 이제 세계에서 인구가 가장 많은 국가는 중국과 인도를 제친 다름 아닌 페이스북이다. 자그마치 16억 5천만 명의 국민을 전세계에 두고 있는 나라. 이제 사람들이 몰리는 곳은 물리적 공간에만 있지 않으며, 수요는 분산되어 있고, 이질적인 시장이 공존하는 세상에 우리는 살고 있다. 지금까지 대기업은 자신들의 둘레에 높은 진입 장벽을 쳐놓았지만, 연결성은 그 벽에 심각한 균열을 가했다. 유통업계의 역사를 다시 쓰는 아마존, 전통 미디어 업계를 긴장시키는 넷플릭스, 음악의 유통 방식 자체를 바꿔놓은 스포티파이와 애플뮤직… 게다가 우버와 에어비앤비의 등장은 기업들이 과거에는 예측하지도 못했던 산업에서 경쟁사가 출현하는 비극을 맞게 했다. 기업의 경쟁력이 더는 규모나 출신국가, 과거의 강점에 의해 결정되지 않으며, 보다 작고 보다 젊고 지역에 기반을 둔 기업이 글로벌 무대에 우뚝 서게 될 것이다.

한때 유행했던 Keep Calm 시리즈를 기억하는가? 액자에 'Keep Calm and …'라고 쓰여진 포스터를 한번쯤 본 적이 있을 것이다. 이 시작은 영국 정부가 2차 세계대전 직전 시민들에게 평정심을 유지하라고 배포한 선전 포스터다. 전쟁과 권위주의로 가득했던 시대의 씁쓸한 잔재이지만, 이후 수많은 패러디를 낳고 다양한 시각 디자인 모티브로 재확산되면서 재치있는 포스터 디자인으로 활용되고 있다.

각종 재미있는 말들 중에서, 그중 인상적이었던 구절은 'Keep Calm and Let Them Talk'다. 말하지 말고, 남이 말하게끔 두라는 것이다. 마케팅을 업으로 삼고 있으면서 자주 되새겼던 다짐이 있다. 마케터이지만 주절주절 설명하지 않아도 남들이 호기심을 갖고 정보를 찾고, 브랜드에 대해서 긍정적으로 이야기할 수 있도록 친절한 가이드가 돼야겠다는 것이다. 브랜드에 대한 많은 사실들을 늘어놓기보다 긍정적인 느낌만 남겨주고 필요할 경우 직접 정보를 찾을 수 있게 길을 열어두어야 한다고 생각했다. 브랜드가 말이 많을수록 정보는 일방적이 되며 불필요한 소음이 될 수도 있기 때문이다.

그렇다면 남들이 많이 이야기하게 하려면 어떻게 해야 할까? 남들이 호기심을 가지게 하려면? 긍정적인 인식을 주려면? 한마디로 브랜드는 매력이 있어야 하며, 그 매력이 그들에게도 의미가 있어야 한다. 그래야 지속적으로 관심을 가져주며 이야기해주고 자연스럽게 브랜드 홍보대사가 될 수 있는 것이다.

참고문헌

《끌리는 컨셉의 법칙》, 김근배 지음, 중앙북스, 2014.

《럭셔리 비즈니스 전략》, 장 노엘 카페레, 뱅상바스티엥 지음, 손주언 옮김, 미래의창, 2010.

《블루보틀 크래프트 오브 커피》, 제임스 프리먼, 케이틀린 프리먼, 타라 더간 지음, 유연숙 옮김, 한스미디어, 2016.

《세팅 더 테이블》, 대니 메이어 지음, 노혜숙 옮김, 해냄, 2007.

《어떤 브랜드가 마음을 파고드는가》, 수잔 피크스, 크리스 말론 지음, 장진역 옮김, 전략시티, 2015.

《이탈리아 브랜드 철학》, 임종애 지음, 부즈펌, 2017.

《필립 코틀러의 마켓 4.0》, 필립 코틀러 지음, 이진원 옮김, 더퀘스트, 2017.

《Champagne, How the World's Most Glamorous Wine Triumphed Over War and Hard Times》, Don Kladstrup, Petie Kladstrup, HarperCollins, 2010.

《Motivation and Personality》, Abraham Maslow, TBS, 1987.

《The End of Competitive Advantage》, Rita Hunter McGrat, Harvard Business Review Press, 2013.

《The Open Brand: When Push Comes to Pull in a Web-Made World》, Kelly Mooney and Nita Rollins, New Riders, 2010

《Universal Principles of Design》, William Lidwell and Kritina Holden, Rockport Publishers, 2010.

〈소비자 성향과 패션브랜드 스토리에 나타난 역사 길이와 정통성 계승이 브랜드 역사성 인지와 브랜드 태도에 미치는 영향〉, 양진옥, 고려대학교 대학원 가정학과, 2013.

〈Brands as a Mean of Consumer Self-expression and Desired Personal Lifestyle〉, Munteanu

Claudiu Cătălin, Volume 109, 2014, 01, 08.

〈Customer Development Model〉, Steve Blank, 2017.

글로벌 성공시대 치즈명장 김소영, KBS, 2012, 09, 08.

디자인·소재·기술 … 세계 최초로 한 것만 모아도 책 한 권, 〈중앙일보〉, 2017, 09, 14.

룰루레몬은 어떻게 중국 소비자를 사로잡았나, 〈패션 인사이트〉, 2017, 06, 09.

생산 원가, 하청 공장까지 전 과정 공개해 소비자 설득한 美 패션기업 에버레인, 〈조선일보〉, 2017.07.04.

에르메스, 패션의 역사를 말하다, 〈엘르〉, 2012, 09.

요가복의 '샤넬' 룰루레몬 데이 CEO 리더십은…, 〈이투데이〉, 2012, 03, 20.

창업 9년간 연매출 50% 성장, 매장 64곳 지역 농산물로 만든 '건강 샐러드' 판매해 성공 , 〈이코노미조선〉, 2016, 12, 15.

혁신을 거듭한 플라스틱 가구의 원조 카르텔, 월간 〈디자인〉, 2009년 9월호.

흙 살충제 없이도 LED빛으로 무럭무럭 '뉴욕 실내농장', JTBC뉴스, 2017, 11, 11.

LG전자, 불황 없는 초프리미엄 전략 가속화, 〈뉴데일리〉, 2016, 7, 28.

얼루어 베스트 오브 뷰티, 〈얼루어〉, 2011, 10월호

2016년 테슬라 사업보고서

KBS명견만리 〈농사의 재발견〉편, KBS, 2017, 05, 26.

A tree grows-along with greens, herbs and vegetables-with a hipster twist in Brooklyn, CNBC, 2017, 02, 05.

At Everlane, Transparent Is The New Black, 〈forbes〉, 2016, 01, 05.

Brands as a Mean of Consumer Self-expression and Desired Personal Lifestyle, 〈sciencedirect〉, 2014, 01, 08.

Calico Wallpaper uses salt to pattern chocolate packaging for Mast Brothers, 〈dezeen〉, 2016, 05, 16.

Can Everlane Really Become the Next J.Crew?, 〈racked〉, 2015, 10, 08.

Cheese IQ: Dairy Across Disciplines, 〈culture〉, 2016, 01, 05.

Chocolate-Making Mast Brothers Are Ready For Sweet Redemption, 〈fortune〉, 2017. 03. 07.

Eight secrets to Lululemon's Success, 〈Business Blueprint〉

Finnair Airbus A330 With Marimekko Print Metsänväki Livery Unveiled , 〈super adrianme〉, 2013, 05, 16.

Four Ways Music Strengthens Social Bonds, 〈Greater Good Magazine〉, 2015, 01, 15.

Goldman Sachs leads a $30 million round for Persado's AI-based, automated copywriting service, 〈techcrunch〉, 2016, 04, 05.

Good Eats+Fresh Beats (A Brief History of the sweetlife Festival, 〈passion+purpose〉, 2017, 01, 27.

How Elon Musk's brother Kimbal Musk is disrupting farming with 'food revolution', 〈Financial review〉, 2017, 01, 06.

How Square Roots is farming for the future, 〈Garden Collage〉, 2017, 08, 29.

Ikea apologises over removal of women from Saudi Arabia catalogue, 〈the guardian〉, 2012, 10, 02.

Kimbal Musk's vertical farming startup Square Roots raises $5.4 million, 〈VENTURE Beat〉, 2017, 08, 23.

Luxury Brand Marketing Keynote, Idris Mootee, CEO Idea Couture Inc.

'Mad Money' Everlane CEO 인터뷰, CNBC, 2016, 06, 29.

Moet Ice Imperial Lounge, 〈Gourmetwelten〉, 2015, 07, 15.

MR.LINDBERG, 〈GQ〉, 2016, 03월호.

Napoleon & Moet: A Secret History, 〈vinepair〉, 2017, 04, 26.

Persado's Cognitive Content Engine Leaves No Marketing Word Unturned, 〈cms wire〉, 2017, 02, 08.

Radical Transparency? H&M and Zara Are Actually More Transparent Than Everlane , 〈the fashion law〉, 2016, 10, 27.

Strategic marketing For Tesla Motors, Lisandra Maioli, UC Berkeley Extension, 2013, 08, 29.

Sweetgreen, a salad chain tech investors love, just had one of its NYC locations shut down because of 'evidence of mice', 〈business insider〉, 2015, 02, 11.

Tesla Marketing Mix and Marketing Strategy, 〈cheshnotes〉, 2017, 09, 02.

Tesla Model S: The Disruptive Marketing of an Electric Car, 〈Science of Revenue〉.

Tesla's Marketing Strategy: Accelerating the World into Sustainable Transport, 〈qmac〉, 2016.

Tesla Still Doesn't Need Paid Advertising to Make Sales, 〈adage〉, 2017, 08, 03.

The Founders Of Sweetgreen Are Building A Farm-To-Counter Empire, One Bowl At A

Time, 〈fast company〉, 2016, 11, 16.

The Influences of Mast Brothers Creative Director Nathan Warkentin, 〈Sight Unseen〉, 10.08.15.

The Lindberg Story: Framed in History, 〈Insight Optometrists〉, 2012. 04. 26.

This hot $250 million start-up is being called J. Crew for millennials, 〈business insider〉, 2016, 03, 07.

WeWork Used These Documents To Convince Investors It's Worth Billions, 〈buzzfeed〉, 2015, 10, 10.

What's the difference between a luxury and a premium brand strategy?, 〈eight luxury marketing〉, 2016, 11, 18.

탐나는
프리미엄
마케팅

지은이 | 최연미

초판 1쇄 발행 | 2018년 2월 28일

펴낸이 | 이한나
디자인 | 디박스

등록 | 2016년 5월 16일 2016-000022호
주소 | 경기도 군포시 용호2로 54번길 11
대표전화 | 070-8115-3208
팩스 | 0303-3442-3208
메일 | booksage@naver.com

ISBN | 979-11-958070-9-3 03320

이 도서의 국립중앙도서관 출판예정도서목록(CIP)은 서지정보유통지원시스템 홈페이지(http://seoji.nl.go.kr)와 국가자료공동목록시스템(http://www.nl.go.kr/kolisnet)에서 이용하실 수 있습니다.(CIP제어번호: CIP2018004735)